George Gordon Byron

Lord Byron's Armenian Exercises and Poetry

George Gordon Byron

Lord Byron's Armenian Exercises and Poetry

ISBN/EAN: 9783337288952

Printed in Europe, USA, Canada, Australia, Japan

Cover: Foto ©Thomas Meinert / pixelio.de

More available books at **www.hansebooks.com**

LORD BYRON'S

ARMENIAN EXERCISES

AND

POETRY

VENICE

IN THE ISLAND OF S. LAZZARO.

—

1886

LORD BYRON'S

ENGLISH AND ARMENIAN

HANDWRITING

FROM THE LETTERS

OF LORD BYRON

2 January 1817

On my arrival at Venice in the year 1816, I found my mind in a state which required study, and study of a nature which should leave little scope for the imagination, and furnish some difficulty in the pursuit. — At this period I was much struck — in common, I believe, with every other travaller — with the Society of the Convent of St. Lazarus, which appears to unite all the advantages of the monastic institution, without any of its vices. — The

Ի ԹՂԹՈՑ

ԼՈՐՏ ՊԱՅՐԸՆԻ

2 Յունուար 1817

Յորժամ յամին 1816 հասի ես 'ի Վենետիկ՝ կարեւոր պէտս անձին իմոյ զուամանց հրահանգս համարեցայ, զի խուն մի պարապ առցեն ստեղծաբան ցնորք մտացս, և զի ոչ յոյժ հեշտեաւ կարացից 'ի ձեռս բերել զայնոսիկ: — Ի ժամանակի աստ յայսմիկ յոյժ հիացեալ էին միտք իմ, որպէս և այլոց ամենայն ուղևորաց, ընդ միաբանութիւն կրօնաւորելոցն 'ի սուրբն Ղազար, որք միուլի յանձինս բերեն զամենայն բարեմասնութիւնս մենաւորութեան կենօք վարժե-

neatness, the comfort, the gentleness, the unaffected devotion, the accomplishments, and the virtues of the brethren of the order, are well fitted to strike the man of the world with the conviction that there is another and a better even in this life. — These men are the priesthood of an oppressed and a noble nation, which has partaken of the proscription and bondage of the Jews and of the Greeks, without the sullenness of the former or the servility of the latter. This people has attained riches without usury, and all the honours that can be awarded to slavery without intrigue. But they have long occupied, nevertheless, a part of the House of Bondage, who has lately multiplied her many mansions. It would be difficult, perhaps, to find the annals of a nation less stained with crimes than those of the Armenians, whose virtues have

լոյն, և անբաժք են 'ի թերութեանց նոցին: Քանզի մաքրութիւն, խաղաղացեալ և բարեկեաց վարք, ազնուականութիւն և անկեղծաւոր եռանդն յաստուածայինս և առաքինի հանգամանք միանձանց կղզւոյս այսորիկ, յոյժ 'ի ճահ գան առ 'ի յաղթահարեալ հաւանեցուցանել զաշխարհասիրացն միտս՝ զի և աստէն իսկ 'ի կենցաղումս գոյ այլ ինչ և առաւել լաւագոյն: Սոքա են քահանայք հարստահարելոյ՝ բայց առատամիտ ազգի, որ կցորդ եղև տառապանաց և գերութեան Հրէից և Հելլենացւոց, բայց անարատ գտաւ յառաջնոցն խստասրտութենէ և 'ի վերջնոցս անարգ վատութենէ. որ ծովացաւ ընչիւք առանց վաշխից և տոկոսեաց, և լի եղև ամենայն փառօք զորս մարթ իցէ ունել 'ի ստրկութեան առանց խարկանաց. և սակայն զժամանակս երկայնս եկաց Մնաց նա 'ի տան կապանաց, և յաւուրս յետինս առաւելաւ բնակութիւն նորա անդէն: Դժուարին

been those of peace, and their vices those of compulsion. But whatever may have been their destiny – and it has been bitter – whatever it may be in future, their country must ever be one of the most interesting on the globe; and perhaps their language only requires to be more studied to become more attractive. If the Scriptures are rightly understood, it was in Armenia that Paradise was placed. – Armenia, which has paid as dearly as the descendants of Adam for that fleeting participation of its soil in the happiness of him who was created from its dust. It was in Armenia that the flood first abated, and the dove alighted. But with the disappearance of Paradise itself may be dated almost the unhappiness of the country; for though long a powerful kingdom, it was scarcely ever an indipendent one, and the satraps of Persia

լմն թուի ինձ գտանել յիշատակարանս ազգաց այնչափ ազատս 'ի մեծամեծ եղեռանց իբրու զՀայոց. քանզի առաքինութիւնք նոցա խաղաղութեան են արգասիք, և թերութիւնքն բռնադատութեան արդիւնք: Սակայն զինչ և լեալ իցէ բաղդ նոցա, արդարև բա՛ղդդառն, զինչ և յապագայսն լինիցի, այլ աշխարհ նոցին յամենայն ժամանակս կացցէ մնասցէ իբրև զմի յառաւել պատուականացն ընդ ամենայն տիեզերս. և բարբառ նոցա առ հաճոյագոյն ևս լինելոյ թերևս ոչ իմիք կարօտասցի, բայց մտադիւրագոյնս արդեօք յուսումն նորին թևակոխելոյ: Եթէ ուղղութեամբ ոք իմաստից սրբախօս տառիցն խելամուտ լինել կամեսցի, 'ի Հայոց աշխարհին զԵդեմն տնկեաց Աստուած, 'ի Հայս, որ որպէս և ամենայն սերեալքն յԱդամայ, կարի ծանրագնի զփոխարէնն կշռեաց ընդ վաղանցիկ հաղորդակցութեան երկրի իւրոյ յերջանկութիւնն այնորիկ որ ստեղ-

and the pachas of Turkey have alike desolated the region where God created man in his own image. . . . .

TO MR. MOORE

5 December 1816

By way of divertisement, I am studying daily, at an Armenian monastery, the Armenian language. I found that my mind wanted something craggy to break upon; and this — as the

ծաւ 'ի փոշւոյ Նորա։ Ի Հայս՝ զառաջինն համաշխարհական հեղեղաց ցածեան Ջուրք, և աղաւնեակն եգիտ դադար ոտից իւրոց։ Այլ յաւուրց ժամանակացն յորս Եղեմն անհետացաւ, եկին հասին թերևս և աղէտք աշխարհին. և թէպէտ ած Նա զբուամբ և զզօրաւոր թագաւորութիւն, այլ միահեծան պետ չեղև երբէք. և Նախարարք Պարսից և դեհպետք Տաճկաց փաթթարեալ ապականեցին զաշխարհն յորում եստեղծ Աստուած զմարդն 'ի նմանութիւն պատկերի երեսաց իւրոց։...

ԱՌ Պ. ՄՈՒՐ

3 Դեկտեմբեր 1816

Ի զբօսանս անձին ուսանիմ զՀայոց լեզու 'ի մենաստանին Հայոց։ Քանզի և տեսանեմ քաջ եթէ դժուարաձեռնարկելի ինչ պիտոյ է մտացս՝ յոր խորտակեսցի. և զի աստանօր դժուարա-

most difficult thing I could discover here for an amusemet – I have chosen, to torture me into attention. It is a rich language, however, and would amply repay any one the trouble of learning it. I try, and shall go on; – but I answer for nothing, least of all for my intentions or my success. There are some very curious Mss. in the monastery, as well as books; translations also from Greek originals, now lost, and from Persian and Syriac etc.; besides works of their own people. Four years ago the French instituted an Armenian professorship. Twenty pupils presented themselves on Monday morning, full of noble ardour, ingenuous youth, and impregnable industry. They persevered, with a courage worthy of the nation and of universal conquest, till Thursday; when fifteen of the twenty succumbed to the six-and-twentieth letter of the al-

դոյնն է սա 'ի դրօսանս, ընտրեցի խօստանդել զիս յայն պարապելով։ Ճոխ է լեզուս, և առատապէս փոխարինէ եթէ որ աշխատ լինի յուսումն նորին։ Փորձ փորձեմ և յառաջ ընթացայց, սակայն ոչ ինչ երաշխաւորեմ, ևս առաւել զդիտաւորութեանցս իմոց և զարգացմանցս 'ի նոյն։ Են 'ի մենաստանիս ձեռագիր մատեանք կարի արժանաւորք հետաքննութեան, են և այլ մատեանք, են և թարգմանութիւնք 'ի յունական սկըզբնագրոց որոց ոչ երևին բնագիրք առ մեզ, որպէս և 'ի պարսկականէն իսկ և յԱսորւոցն և այլն. բայց յերկասիրութեանց որ բնիկ ազգայնոցն են։ Ի չորից ամաց հետէ հաստատեցաւ 'ի Գաղղիա, վարժապետ հայկական լեզուի. աշակերտք քան թուով մտին անդր յառաւօտու երկուշաբաթին, վառեալ ազնուական իմն եռանդեամբ, երիտասարդք հանճարիմաստք, և անհամեմատք 'ի ճարտարութեան։ Պինդ կացին եռանդեամբ՝ արժանի ազգին և աշխար-

phabet. It is, to be sure, a Waterloo of an alphabet – that must be said for them. But it is so like these fellows, to do by it as they did by their sovereigns – abandon both; to parody the old rhymes,

« Take a thing and give a thing » –
« Take a king and give a king. »

TO MR. MURRAY

4 December 1816

I wrote to you at some length last week, and have little to add, except that I have begun, and am proceeding in a study of the Armenian language, which I acquire, as well as I can, at

հակայ յաղթութեանն՝ մինչև ցօրն երեքշաբաթի, յորում հնգետասանք 'ի քսանից յաղթահարեցան 'ի քըսանևվեցերորդ գիր աթութային: Արդարև իսկ Վաղերլոյ է աթութային, զայս այսպէս արժան է ասել զնոցանէ: Բայց իսկ 'ի դէպ բնաւորութեան մարդկանդ, զայն ինչ առնել ընդ աթութայսն, զոր ինչ արարին ընդ թագաւորս իւրեանց, լքանել զիւրաքանչիւրն, 'ի դէպ իսկ եղեալ նոցա նախնոյ առակին.

« Առ զայս և տուր զայն ».

« Առ արքայ և տուր արքայ »:

ՄՌ Պ. ՄԸՐԻ

4 Դեկտեմբեր 1816

Երկարագոյնս գրեցի Քեզ յանցելում եօթնեկի, և սակաւ ինչ յաւելից, զայն միայն եթէ սկսայ և յառաջ վարեմ զուսումն հայկական լեզուի, յոր հրահանգիմ ըստ իմում կարի 'ի մենաստանին

the Armenian convent, where I go every day to take lessons of a learned friar, and have gained some singular and not useless information with regard to the literature and customs of that oriental people. They have an establishment here – a church and convent of ninety monks, very learned and accomplished men, some of them. They have also a press, and make great efforts for the enlightening of their nation. I find the languages (which is twin, the literal and the vulgar) difficult, but not invincible (at least I hope not). I shall go on. I found it necessary to twist my mind round some severer study, and this, as being the hardest I could devise here, will be a file for the serpent.

Հայոց, ուր երթամ առնուլ՜ դաս 'ի բանիբուն կրօնաւորէ ումեմնէ. և ծանեայ նորահրաշ և ոչ անպէտ տեղեկութիւնս ինչ զմատենագրութենէ և զսովորութեանց ազգին այնորիկ։ Ի նոցա աստանօր տեղի բնակութեան, եկեղեցի և մենաստան իննսուն միանձանց, յորոց ոմանք արք հմուտք են և հրահանգեալք։ Ի նոցա և տպագրատուն և մեծաւ ջանիւք զհետ են 'ի լուսաւորել զազգն իւրեանց։ Դժուարին թուի ինձ լեզուն (որ յերկուս ազգս բաժանի 'ի գրոց և յաշխարհիկ) թէպէտ և ոչ անյաղթելի (որպէս յուսամ). յառաջ դիմեցից։ Հարկ համարեցայ կաշկանդել զմիտս խիստ ուսմամբ իւիք, և զի սա որպէս կարծեմ՝ խստագոյնն է աստանօր՝ խարտոց օձին եղիցի։

ԹԱՐԳՄԱՆՈՒԹԻՒՆՔ

ԼՈՐՏ ՊԱՅՐԸՆԻ

LORD BYRON'S

TRANSLATIONS

ՀԱՏՈՒԱԾՔ

ՊԱՏՄՈՒԹԵԱՆՆ ՀԱՅՈՑ

ԹԱՐԳՄԱՆԵԱԼՔ

Ի ԼՈՐՏ ՊԱՅՐԸՆԷ

Ի հրամանգս անձինն ի
հայ բարբառ

Արշակ մեծ արքայն Պարսից և Պարթևաց, որ և ազգաւ իսկ Պարթև, ապըստամբել ասեն 'ի Մակեդոնացւոցն, և թագաւորել 'ի վերայ ամենայն արևելից, և Ասորեստանեայց. և սպանանել զԱնտիոքոս թագաւոր 'ի Նինուէ, հնազանդեցուցանել զամենայն տիեզերս ընդ ձեռամբ իւրով։

Սա թագաւորեցուցանէ զեղբայր իւր զՎաղարշակ 'ի վերայ աշխարհիս Հայոց. պատեհ իմն համարեալ այսպէս անշարժ իւրոյ թագաւորութեանն լինել։ Եւ քա-

PIECES

OF THE ARMENIAN HISTORY

TRANSLATED

BY LORD BYRON

to exercise himself in the arm. language

Arsaces the great king of the Persians and Parthians, is said with the Parthians to have revolted from the Macedonians, to have reigned over all Assyria and the east; and having slain the king Antiochus at Nineveh, to have reduced the world under his dominion.

He appointed his brother Valarsaces King of Armenia, rightly deeming that his dominions would thus become more secure and consolidated. He

ղաք թագաւորութեան տայ նմա զՄ՛ըծբին. և սահմանս հատանէ նմա զմասն ինչ յարևմտեայ Ասորւոց, և զՊաղեստին, և զԱսիա, և զամենայն միջերկրեայս, և զԹետալիա՝ 'ի ծովէն Պոնտոսի մինչև 'ի տեղին՝ ուր Կաւկաս յարևմտեանն յանգի ծով. և զԱտրպատական. «և այլ որչափ միտք քո և քաջութիւն հատանեն. զի սահմանք քաջաց, ասէ, զէնն իւրեանց. որքան հատանէ, այնքան ունի»:

Սորա կարգեալ զիշխանութիւն իւր մեծապէս, և հաստատեալ զթագաւորութիւն իւր՝ կամ եղև գիտել սորա, թէ ո՛յք, և որպիսի՛ արք տիրեալ են 'ի վերայ աշխարհիս Հայոց մինչև ցնա. զքաջա՛ց արդեօք, եթէ զվատաց անցեալ ունի զտեղի:

Եւ գտեալ զոմն Ասորի Մարիբաս (կամ Մարաբաս) Կատինայ, այր ուշիմ և վարժ քաղդէացի և յոյն գրով, զոր յղէ առ մեծ եղբայր իւր Արշակ արժանի ընծայիւք, բանալ նմա զդիւանն ար-

bestowed upon him the royal city of Nisibin, and assigned the limits of his territory, one part from the west of Syria, and Palestine and Asia, and all the inland places and Thitalia from the Pontic sea to the spot where Caucasus ends in the western Ocean, and Atropatane, and " whatever else thy prudence or valour may acquire. For to the brave, he says, their arms are boundaries, what they win, they wear ".

He, when he had completely tranquillized his kingdom, and established his power, desired to know, who and what sort of men had reigned before him over Armenia, and whether they were valiant or indolent.

Having chosen therefore a Syrian, Maribas (or Marabas) of Catina, a learned man, and very skilful in Chaldaic and greek literature, he sent him to his brother Arsaces, with proper pre-

քունի. և գրէ առ՚նա ձև բանից օրինակ զայս:

« Արշակ Թագաւոր երկրի և ծովու. որոյ անձն և պատկեր որպէս և է իսկ մեր Աստուածոց. իսկ բախտ և պատահումն՝ 'ի վեր քան զամենայն Թագաւորաց. և մտաց լայնութիւն՝ որչափ երկնի 'ի վերայ երկրի. Վաղարշակ կրտսեր եղբայր քո և նիզակակից, որ 'ի քէն կարգեալ Արքայ Հայոց. Ո՛ղջ լեր ամենայն յաղթութեամբ:

Քանզի պատուէր ընկալայ 'ի քէն՝ քաջութեան և իմաստութեան հոգ տանել, ոչ երբէք անփոյթ արարեալ զքոյոյն խրատու, այլ խնամ տարեալ հոգացայ ամենայնի՝ որչափ միտք և հասողութիւն բաւեցին:

Եւ այժմ 'ի քումմէ խնամակալութենէ զետեղեալ Թագաւորութիւնս՝ խորհուրդ 'ի մտի եդի գիտել, թէ ո՛յք ոմանք յառաջ քան զիս իցեն տիրեալ աշ-

sents, to entreat him to permit the inspection of the royal Archives; and furnished him with letters, of which the following is a specimen.

"To Arsaces king of Earth and Sea, whose form and image are like those of our Gods, but his fortune and fate above all monarchs, and the greatness of his mind such as is the heaven above the earth; Valarsaces his younger brother and fellow-soldier, appointed by him King of Armenia, sends health and victory in all things.

Since I received thy commands to cultivate valour and wisdom, I have never neglected this thine admonition; but have administered in all things with diligent care, to the extent of my capacity and power.

Being delegated by thee to this kingdom, I have resolved to inquire what order of men ruled over Armenia before me, and what was the ori-

խարհիս Հայոց. և ուստի՞ Նախարարու-
թիւնքս՝ որ աստ կան: Զի ոչ կարգք ինչ
լեալ աստ յայտնի, և ոչ մեհենից պաշ-
տամունք, և ոչ գլխաւորաց աշխարհիս
առաջինն յայտնի է, և ոչ վերջինն, և ոչ
այլ ինչ օրինաւոր. այլ խառն 'ի խուռն
ամենայն և վայրենի:

Վասն որոյ աղաչեմ զքո Տէրու-
թիւնդ, հրամայես բանալ զդիւանդ ար-
քունի ընդդէմ առնդ եկելոյ առաջի
քոյոյ հզօր Տէրութեանդ. զի գտեալ
զըղձալին եղբօր քոյ և որդւոյ՝ բերցէ
զստոյգն փութապէս. և զմեր հեշտու-
թիւնն որ 'ի կամսկատարութենէ լեալ՝
քաջ գիտեմ խնդութիւն քեզ լեալ:
Ո՛ղջ լեր երևելիդ բնակութեամբ 'ի
մէջ Դից »:

Եւ ընկալեալ Արշակայ մեծի զգիրն
'ի ձեռաց Մար Իբասայ Կատինայ՝ մե-
ծաւ ըղձմտութեամբ հրամայէ առաջի
առնել Նմա զԴիւանն արքունի՝ որ 'ի

gin of these Satrapies around me. For neither indeed appears any regularity of things here whence it may be seen, what was the worship in the temples, or what was first or last done in this region, nor are there any certain laws, but all is confused and barbarous.

For which reasons I pray thee, my Lord, that to this man, who will abide in the presence of thy Majesty, the ingress of the royal library may be permitted that he may acquire the knowledge of such things as thy brother and son desires, and return to us with the truth. And the pleasure which is to arise from the fulfilment of our wishes, we well know will be a joy to thee also. Farewell, O thou illustrious dweller among the Gods! „

When Arsaces the Great had received these letters from Mar-Ibas of Catina, with the greatest alacrity he permitted him to search the royal Archi-

Նինուէ. միանգամայն և ուրախացեալ այսպիսի միտս ունել եղբօր իւրոյ՝ որոյ զկէս Թագաւորութեան իւրոյ հաւատացեալ էր։

Եւ խուզեալ սորա զամենայն մատեանսն՝ գտանէ մատեան մի հելլէն գրով. յորոյ վերայ էր՝ ասէ, վերնագիրն այսպէս.

« Այս մատեան հրամանաւ Աղեքսանդրի 'ի Քաղդէացւոց բարբառոյ փոխեալ 'ի յոյնն, որ ունի զբուն հնոց և զնախնեացն բանս. որոյ սկիզբն լեալ ասէ զԶրուանն, և զՏիտանն, և զԱպետոսթէ. յորումն զիւրաքանչիւր ոք 'ի ծնընդոց երից Նախարարականացս այսոցիկ արանցս՝ զարս անուանիս կարգաւ շարադասեալ յիւրաքանչիւր տեղիս մինչև ցբազում ամս »։

Յայսմ մատենէ Մար Իբաս Կատինայ զմերոյ ազգիս միայն հաւաքեալ ըզպատմութիւն հաւաստի՝ բերէ առ արքայ Վաղարշակ 'ի Մծբին, յոյն և ասորի գրով։

ves of Nineveh, rejoicing that his brother, to whom he had committed the government of half his kingdom, was endued with such a disposition.

When Mar-Ibas therefore inspected the Manuscripts, he found a certain book, in the greek character, of which this is said to have been the title:

" This Volume was translated from the chaldaic language into greek, by order of Alexander, and contains the authentic history of the ancients and our ancestors, who are said to commence with Zeruanus, Titan, and Apetosthes; in this book each of these three celebrated men and their posterity are registered in order each in his proper place for many years ".

From this volume Mar-Ibas of Catina conveyed to king Valarsaces then in the city of Nisibin the history of our Nation faithfully compiled and written in syriac and greek.

Ջոր առեալ... Վաղարշակ... առաջին խորոյ գանձուն համարելով դնէր յարքունիսն 'ի պահեստի մեծաւ զգուշութեամբ. և զմասն ինչ 'ի յարձանի հրամայէ դրոշմել։

Ցորմէ մեր հաւաստի 'ի վերայ հասեալ կարգի գրուցացս՝ երկրորդեմք այսմ քոյ հարցասիրութեանդ, ձգելով զմեր բնիկ Նախարարութիւնս մինչև ց'Քաղդէացւոց Սարդանապաղայ՝ և ևս մօտագոյն։

Խորենացի 'ի Պատմութեան Հայոց։

When... Valarsaces had received this Manuscript...esteeming it amongst his chief treasures, he directed the volume to be diligently preserved, and ordered a portion of it's contents to be engraved on a column.

Which narrative, we having verified the series of our facts, are now about to repeat at thy command, and to trace back our early government to the Chaldean Sardanapalus, and even beyond.

Corenensis in his Armenian History.

ՀԱՏՈՒԱԾՔ

ԱՏԵՆԱԲԱՆՈՒԹԵԱՆ

Ս. ՆԵՐՍԵՍԻ ԼԱՄԲՐՈՆԱՑՒՈՅ

ԹԱՐԳՄԱՆԵԱԼ

Ի ԼՈՐՏ ՊԱՅՐԸՆԷ

Եւ յայնժամ իբրեւ զփեսայ չքեղազարդեալ՝ էր տեսանել զճեմեալն յառագաստ իւր զՔրիստոս։ Զայն արձակէր քաղցր՝ առ կոյսն ողջախոհ. « Ընդարձակեա՛ զտեղի խորանի քո եւ զսրահից քոց, կանգնեա՛, մի՛ խնայեր. երկայնեա՛ զապաւանդակս քո, հաստատեա՛ զցիցս քո, յաջ եւ յահեակ թռուսջիր. եւ զաւակ քո զհեթանոսս ժառանգեսցէ. եւ զքաղաքս աւերեալս 'ի կռապաշտիցն շինեսցես։ Մի՛, աւէ, երկնչիր, թէ մինչեւ ցայժմ՝ նորոք յամօթ արարի զքեզ. զի երդուայ, եւ ոչ եւս զզջացայց 'ի քեզ բնակել հաճութեամբ, որ ես հանգիստ իմ յաւիտեանս յաւիտենից »։

PIECE

OF A SYNODICAL DISCOURSE

BY S.[t] NIERSES OF LAMPRON

TRANSLATED

BY LORD BYRON

It was beautiful then to behold Christ as a bridegroom nobly adorned for the nuptial chamber, who spake with a soft voice to his most pure beloved: « Enlarge the place of thy tent, and of thy porch; spare not, plant it, lengthen thy cords, and strengthen thy stakes; for thou shalt break forth on the right hand and on the left, and thy seed shall inherit the gentiles, and thou shalt renew the ruined cities of the idolaters. Fear not, though till now by means of these I have covered thee with confusion. For I swear, that I shall never repent to make my abode of pleasure with thee who art my repose for ever and over ».

Յայնժամ որ վարսնէրն գաղտնի՝ սկզբնաչարն Թշնամին, ծանուցեալ թէ մեքենայքն իւր խայտառակեցան, տիեզերքաստուածպաշտութեամբծաղկեցան, պատրեալքն դարձեալ փրկեցան, ժառանգորդք դրախտին 'ի հայրենիսն փութացան, երկրաքարշ հեշտութիւնն տեղի ետ, և երկնային սրբութիւնն պայծառացաւ, գործի ատելութեանն խորտակեցաւ, և պտուղ սիրոյն սկսաւ բազմանալ, յոյս ամենեցուն 'ի ստորնայնոցս վերացաւ, և յերկնային կայանն հանգեաւ, արտաքս սողէր յորջէն չարութեան, իբրև զառիւծ գոչելով շրջէր, բացեալ զկոկորդ չարութեանն՝ ջանացեալ առ 'ի կլանել զեկեղեցին փրկեալ Քրիստոսիւ։

Լամբրոնացի յԱտենաբանութեանն։

Then the first enemy, in ambush for his prey, perceiving that his snares were discovered, and that the worship of God flourished throughout the world, observing that those who had been deceived were redeemed, and that the inheritors of paradise returned to their country, that the celestial holiness poured forth its glory, that the instrument of hatred being broken, the fruits of charity began to multiply themselves, and the hope of all no longer turned to the earth, ascended to the heavenly abodes, forth from the cave of his malice he issued, like the lion roaring in his anger, and roamed about with open and insatiate jaws, to devour the church recovered by Christ.

Lampronensis in his Synodical oration.

ԹՈՒՂԹ ԿՈՐՆԹԱՑՒՈՑ

ԱՌ ՍՈՒՐԲ ԱՌԱՔԵԱԼՆ ՊԱՒՂՈՍ

(Գտեալ յԱստուածաշունչն Հայոց՝ ի կարգի Անյայտից)։

ԹԱՐԳՄԱՆԵԱԼ

Ի ԼՈՐՏ ՊԱՅՐԸՆԷ

1. *Ստեփանոս և որք ընդ նմա երիցունք, Դարինոս, Եւբուլոս, Թէոփիլոս և Քսինոն՝ առ Պաւղոս հայր մեր և աւետարանիչ, և հաւատարիմ վարդապետ 'ի Քրիստոս Յիսուս, ողջոյն:*

2. *Արք ոմանք երկու եկին 'ի Կորընթոս՝ Սիմոն անուն և Կղէոբոս, որք կործանեցին քաջ քաջ զոմանց հաւատս, հրապուրողս և ապականեալ բանիւք.*

3. *Յորոց բանից վերայ դու ինքնին պարտիս հասանել.*

4. *Զի մեք 'ի քէն ոչ երբէք լուաք զայնպիսի բանս, և ոչ յայլոցն առաքելոց.*

THE EPISTLE OF THE CORINTHIANS

TO ST. PAUL THE APOSTLE.

(Found in the Armenian Bible as an Apocryphal writing.)

TRANSLATED

BY LORD BYRON

1. Stephen, and the elders with him Dabnus, Eubulus, Theophilus and Xinon to Paul our father and evangelist and faithful master in Jesus Christ, Health.

2. Two men have come to Corinth, Simon by name and Clebus, who vehemently disturb the faith of some with deceitful and corrupt words;

3. Of which words thou should'st inform thyself:

4. For neither have we heard such words from thee, nor from the other apostles:

5. Այլ այսչափ գիտեմք՝ որ ինչ 'ի
քէն լուաք, և որ ինչ 'ի նոցանէն լուաք,
հաստատուն պահեմք։

6. Բայց յայսմիկ յոյժ ողորմեցաւ
Տէր, զի մինչ դու իսկ մարմնով ընդ
մեզ ես, միւսանգամ լուիցուք։

7. Արդ կամ գրեա դու առ մեզ, և
կամ ինքնին դու առ մեզ փաղփաղակի
եկեսջիր։

8. Մեք հաւատամք 'ի Տէր՝ թէ որ-
պէս յայտնութիւն ցուցաւ Թէոփիլեայ,
եթէ փրկեաց զքեզ Տէր 'ի ձեռաց ա-
նօրինին։

9. Եւ են բանք մոլորութեան պղծոցն՝
զոր ասենն և ուսուցանենն, այսպէս։

10. Չէ՛ պարտ ասեն զմարգարէսն
ընդունել.

11. Եւ ոչ Աստուած ասեն ամենա-
կալ.

12. Եւ ոչ ասեն յարութիւն մարմնոյ
մեռելոց.

5. But we know only that what we have heard from thee and from them, we have kept firmly.

6. But in this chiefly has our Lord had compassion, that, whilst thou art yet with us in the flesh, we are again about to hear from thee.

7. Therefore do thou write to us, or come thyself amongst us quickly.

8. We believe in the Lord, that, as it was revealed to Theonas, he hath delivered thee from the hands of the unrighteous.

9. But these are the sinful words of these impure men, for thus do they say and teach.

10. That it behooves not to admit the prophets:

11. Neither do they affirm the omnipotence of God:

12. Neither do they affirm the resurrection of the flesh:

13. Եւ ոչ զմարդն ասեն բնաւ ստեղ-
ծեալ յԱստուծոյ.

14. Եւ ոչ 'ի կուսէն Մարիամայ
ծնեալ ասեն զՅիսուս Քրիստոս մար-
մնով.

15. Եւ ոչ զաշխարհս արարած ա-
նեն Աստուծոյ, այլ հրեշտակի ուրումն։

16. Արդ փոյթ յանձին կալջիր հա-
սանել առ մեզ.

17. Զի առանց գայթակղութեան
կացցէ քաղաքս Կորնթացւոց.

18. Եւ նոցա յիմարութիւնն յայտ
յանդիմանութեամբ ամենեցուն խայ-
տառակեալ մերժեսցին. Ողջ լեր։

Առին, տարան զթուղթն սարկա-
ւագք 'ի քաղաքն Փիլիպպեցւոց՝ Թերեպ-
տոս և Տիքոս. զի իբրև առ զայն թուղթն
Պաւղոս՝ թէպէտ և ինքն 'ի կապանս
էր վասն Ստրատոնիկեայ Ապողոնի
կնոջ, իբրև մոռանալ նմա զկապանս,
և սուգ առնուլ նմա վասն բանիցն զոր

13. Neither do they affirm that man was altogether created by God:

14. Neither do they affirm that Jesus Christ was born in the flesh from the Virgin Mary:

15. Neither do they affirm that the world was the work of God, but of some one of the Angels.

16. Therefore do thou make haste to come amongst us:

17. That this city of the Corinthians may remain without scandal:

18. And that the folly of these men may be made manifest by an open refutation; Fare thee well.

The deacons Thereptus and Tichus received and conveyed the epistle to the city of the Philippians. When Paul received the epistle although he was then in chains on account of Statonice the wife of Apopholanus, yet as it were forgetting his

լուաւ. և ասէ լալով, իբրև թէ լաւ էր ինձ եթէ վախճանեալ էի՛ և ընդ Տեառն էի, քան թէ աստէն նովին մարմնով, և զայսպիսի բանս և զաղէտս լսեմ զսուտ վարդապետութեան, զի տրտմութիւն 'ի տրտմութեան վերայ հասանէ աւադիկ: Եւ յայդչափ տառապանաց վերայ կալ 'ի կապանս, և տեսանել զայդ աղէտ տարակոյս, առ որս ընթացեալ սատանայի և մենքենայից նորա, գործել հնարի զչարիս: Եւ այսպէս բազում չարչարանօք առնէր Պաւղոս թղթոյն պատասխանի:

bonds, he mourned over these words, and said weeping: — It were better for me to be dead, and with the Lord. For while I am in this body, and hear the wretched words of such false doctrine; behold, grief arises upon grief, and this trouble adds a weight to my chains, when I behold this calamity, and progress of the machinations of Satan, who searcheth to do wrong. — And thus with deep affliction Paul composed his reply to the epistle.

ԹՈՒՂԹ ՊԱՒՂՈՍԻ

ԱՌ ԿՈՐՆԹԱՑԻՍ

(Գտեալ յԱստուածաշունչն Հայոց՝ ի կարգի Անյայտից)։

ԹԱՐԳՄԱՆԵԱԼ

Ի ԼՈՐՏ ՊԱՅՐԸՆԷ

1. Պաւղոս կալանաւոր Յիսուսի Քրիստոսի առ եղբարս Կորնթացիս, 'ի բազում վրիպակէ աստի ողջոյն։

2. Ես ոչինչ կարի զարմացեալ եմ՝ եթէ այդչափ վաղվաղակի ընթանան հրապոյրք չարին։

3. Այլ զի Տէր Յիսուս վաղվաղակի արասցէ զգալուստն իւր, վասն այնորիկ որ փոփոխեն և անարգեն զհրամանս նորա։

4. Այլ ես 'ի սկզբանէ զայն ուսուցի ձեզ, որ ես ինքնին ընկալայ յառաջնոց առաքելոցն, որ զամենայն ժամանակս ընդ Տեառն մերոյ Յիսուսի Քրիստոսի շրջէին։

EPISTLE OF PAUL

TO THE CORINTHIANS

(Found in the Armenian Bible as an Apocryphal writing.)

TRANSLATED

BY LORD BYRON

1. Paul in bonds for Jesus Christ, disturbed by so many errors, to his Corinthian brethren, Health.

2. I nothing marvel that the preachers of evil have made this progress.

3. For because the Lord Jesus is about to fulfil his coming, verily on this account do certain men pervert and despise his words.

4. But I verily, from the beginning have taught you that only which I myself received from the former Apostles, who always remained with the Lord Jesus Christ.

5. Եւ արդ ասեմ, զի Տէր Յիսուս Քրիստոս 'ի Մարիամայ կուսէ ծնաւ, որ էր 'ի զաւակէն Դաւթի.

6. Ըստ աւետեաց Հոգւոյն սրբոյ, առ 'ի Հօրէ 'ի յերկնից առաքելոյ 'ի նմա.

7. Զի յաշխարհս մխեցի Յիսուս, և ազատեսցէ զամենայն մարմին իւրով մարմնովն. զի զմեզ 'ի մեռելոց յարուցէ.

8. Որպէս եցոյց զանձն օրինակ։

9. Եւ զի յայտ լիցի զի մարդն 'ի Հօրէ ստեղծաւ։

10. Վասն այնորիկ մարդն 'ի կորըստեանն իւրում անխնդիր ոչ մնաց.

11. Այլ խնդրեցաւ. զի 'ի ձեռն որդեգրութեանն կենդանասցի։

12. Քանզի Աստուած որ ամենայնի Տէրն է, հայր Տեառն մերոյ Յիսուսի Քրիստոսի. որ արար զերկինս և զերկիր, առաքեաց նախ 'ի Հրէայսն զմարգարէսն.

5. And I now say unto you, that the Lord Jesus Christ was born of the Virgin Mary, who was of the seed of David.

6. According to the annunciation of the Holy Ghost, sent to her by our Father from heaven;

7. That Jesus might be introduced in the world, and deliver our flesh by his flesh, and that he might raise us from the dead.

8. As in this also he himself became the example.

9. That it might be made manifest that man was created by the Father;

10. He has not remained in perdition unsought,

11. But he is sought for, that he might be revived by adoption.

12. For God who is the Lord of all, the father of our Lord Jesus Christ, who made heaven and earth, sent first the prophets to the Jews:

13. Զի 'ի մեղաց անտի նոցա զնոսա կորզեսցէ, և հանցէ յարդարութիւն իւր:

14. Զի կամէր նախ փրկել զտունն Իսրայէլի, բաշխեաց արկ նա յօգուտ անտի 'ի վերայ մարգարէիցն.

15. Որ զանմոլարն աստուածպաշտութիւն և զծնունդն Քրիստոսի քարոզեսցեն ժամանակօք բազմօք:

16. Իսկ որ անօրէն իշխանն էր իբրև աստուածանալ կամեցաւ, ձեռն արկանէր 'ի նոսա.

17. Եւ զամենայն մարդիկ մեղօք կապէր.

18. Քանզի և դատաստանք աշխարհի մերձեալ էին:

19. Աստուած ամենակալ իբրև արդարացուցանել կամեցաւ, և ոչ կամեցաւ խոտել զիւր ստեղծուածն.

20. Իբրև ետես չարչարեալ, ողորմեցաւ.

21. Եւ առաքեաց 'ի վախճան ժամա-

13. That he would absolve them from their sins, and bring them to his justice.

14. Because he wished to save first the house of Israel, he bestowed and poured forth his Spirit upon the prophets;

15. That they should for a long time preach the worship of God, and the nativity of Christ.

16. But he who was the prince of evil, when he wished to make himself God, laid his hand upon them.

17. And bound all men in sin.

18. Because the judgement of the world was approaching.

19. But almighty God, when he willed to justify, was unwilling to abandon his creature;

20. But when he saw his affliction, he had compassion upon him.

21. And at the end of the time he

նակաց զՀոգին սուրբ 'ի կոյսն , յառաջագոյն նկատեալ մարգարէիւք:

22. Որ իբրև սրտի մտօք հաւատաց, եղև արժանի յղանալ և ծնանել զՏէր մեր Յիսուս Քրիստոս:

23. Չի կորստական մարմնովն, որով հպարտացեալ յարգի լինէր չարն, նովին մարմնովն կշտամբեալ յանդիմանեսցի, թէ չէր իսկ Աստուած:

24. Չի 'ի մարմին անդր յիւր Յիսուս Քրիստոս կոչեաց և փրկեաց զկորստական մարմինն. և ձգեաց զնոսա 'ի կեանսն յաւիտենից 'ի ձեռն հաւատոցն:

25. Չի արդարութեան տաճար սուրբ յիւր մարմին անդր լինելոց ժամանակացն պատրաստեսցէ.

26. Ցոր և մեքն իբրև հաւատացաք, ազատեցաք:

27. Ապա գիտասջիք եթէ ոչ են նոքա որդիք արդարութեան, այլ բարկութեան:

sent the Holy Ghost into the Virgin foretold by the prophets.

22. Who believing readily, was made worthy to conceive, and bring forth our Lord Jesus Christ.

23. That from this perishable body, in which the evil spirit was glorified, he should be reproved, and manifested, that he was not God.

24. For Jesus Christ in his flesh had recalled and saved this perishable flesh, and drawn it into eternal life by faith.

25. Because in his body he should prepare a pure temple of justice for all ages;

26. In whom we also when we believe are saved.

27. Therefore know ye that these men are not the children of justice, but the children of wrath;

28. Զի զողորմութիւնն Աստուծոյ կարծեն յանձանց իւրեանց,

29. Եւ ասեն, եթէ ոչ են երկինք և երկիր և ամենայն արարածք՝ ձեռագործք Հօրն ամենայնի։

30. Այլ նոքա անիծեալքն զօձին ուսումն ունին։

31. Բայց դուք՝ զօրութեամբն Աստուծոյ 'ի բաց մերժեցարուք 'ի նոցանէ. և զխոտոր վարդապետութիւն նոցա 'ի ձէնջ 'ի բաց հալածեցէք։

32. Զի ոչ էք դուք որդիք անհնազանդութեան, այլ մանկունք սիրեցելոյն եկեղեցւոյ։

33. Վասն որոյ ժամանակ յարութեան քարոզեցաւ ընդ ամենեսեան։

34. Բայց որ ասեն՝ չիք յարութիւն մարմնոյ, նոքա իսկ չեն յառնելոց 'ի կեանսն յաւիտենից.

35. Այլ 'ի դատապարտութիւն։ Զի

28. who turn away from themselves the compassion of God,

29. who say that neither the heavens nor the earth were altogether works made by the hand of the Father of all things.

30. But these cursed men have the doctrine of the serpent.

31. But do ye by the power of God withdraw yourselves far from these, and expel from amongst you the doctrine of the wicked.

32. Because you are not children of disobedience but the sons of the beloved Church.

33. And on this account the time of the resurrection is preached to all men.

34. Therefore they who affirm that there is no resurrection of the flesh, they indeed shall not be raised up to eternal life,

35. but to judgement and condemna-

'ի դատաստան յարիցեն թերահաւատք մարմնով.

36. Զի զմարմինն զոր ասեն թէ չիք յարութիւն, նոցա մի՛ լիցի յարութիւն. զի այնպիսիքն 'ի յարութենէն ուրացեալք գտանին։

37. Նա և դուք, որք Կորնթացիք գիտէք զցորենոյդ սերմանէ, և զայլոց սերմանաց.

38. Զի հատ լոկ մերկ անկանի յերկիր, և անդ 'ի խոնարհ նախ մեռանի.

39. Եւ ապա յառնէ կամօքն Տեառն՝ զնոյն մարմին զգեցեալ.

40. Եւ ոչ եթէ լոկ մարմին մեկին յառնէ, այլ բազմապատիկ տոհմականօք կանգնեալ օրհնի։

41. Այլ մեզ պարտ էր ոչ միայն 'ի սերմանց անտի առակս 'ի մէջ բերել, այլ 'ի պատուական մարմնոց մարդկանէ։

42. Դուք ինքնին գիտէք զՅովնան որդի Ամաթեայ.

tion shall the unbeliever arise in the flesh:

36. for to that body which denies the resurrection of the body, shall be denied the resurrection, because such are found to refuse the resurrection.

37. But you also, Corinthians! have known from the seeds of wheat, and from other seeds;

38. That one grain falls dry into the earth, and within it first dies;

39. And afterwards rises again by the will of the Lord indued with the same body:

40. Neither indeed does it arise the same simple body, but manifold, and filled with blessing.

41. But we must produce the example not only from seed, but from the honorable bodies of men.

42. Ye also have known Jonas the son of Amittai;

43. Վասն զի յամառեաց նա 'ի քա-
րոզելն Նինուէացւոց, ընկեցաւ 'ի պորտ
ձկանն զերիս տիւս և զերիս գիշերս.

44. Յետ երից աւուրց լուաւ աղօթից
նորա Աստուած, և ած 'ի վեր 'ի ներքին
անդնդոց անտի.

45. Եւ ոչինչ ապականեցաւ մարմինն
նորա, և ոչ արտևան մի կորացաւ:

46. Որչափ ևս առաւել վասն ձեր
թերահաւատք.

47. Եթէ հաւատասջիք դուք 'ի տէր
Յիսուս Քրիստոս, յարուսցէ զձեզ որ-
պէս ինքն յարեաւ:

48. Զի եթէ ոսկերքն Եղիշէի մարգա-
րէի 'ի վերայ մեռելոյն անկեալ՝ յարու-
ցին զմեռեալն,

49. Դուք որչափ ևս առաւել, որ 'ի
մարմին և յարիւն և 'ի հոգին Քրիստոսի
յեցեալ էք, յայնմ աւուր յարիջիք ողջ-
անդամք մարմնով:

50. Իսկ Եղիա մարգարէ զորդի այր-

43. Because he delayed to preach to the Ninevites, he was swallowed up in the belly of a fish for three days and three nights:

44. And after three days God heard his supplication, and brought him out from the deep abyss;

45. Neither was any part of his body corrupted, neither was his eyebrow bent down;

46. And how much more for you, oh men of little faith!

47. If you believe in our Lord Jesus Christ, he will raise you up, even as he himself hath risen.

48. If the bones of Elisha the prophet falling upon the dead, revived the dead,

49. By how much more shall ye, who are supported by the flesh and the blood and the Spirit of Christ, arise again on that day, with a perfect body?

50. Elias the prophet embracing the

ւոյն գիրկս արկ և յարոյց 'ի մեռելոց.

51. Որչափ եւս առաւել Յիսուս Քրիստոս և զձեզ յարուսցէ յաւուրն յայնմիկ, որպէս և ինքն իսկ յարեաւ 'ի մեռելոց ողջանդամ մարմնով։

52. Ապա թէ այլ ինչ տարապարտուց ընդունիք,

53. Աշխատ ոք յայսմհետէ զիս մի արասցէ. զի ես զկապանս յանձին իմում կրեմ,

54. Զի զՔրիստոս շահեցայց. և կըտտանաց մարմնոյս այսմիկ համբերեմ, զի յարութեան մեռելոցն արժանի եղէց։

55. Եւ դուք իւրաքանչիւր ոք որպէս ընկալարուք զօրէնսն 'ի ձեռաց երանելի մարգարէիցն, և սրբոյ աւետարանին՝ հաստատուն կալջիք.

56. Եւ վարձս ընկալջիք 'ի յարութեան մեռելոց. զկեանսն յաւիտենից ժառանգեսջիք։

57. Ապա եթէ թերահաւատ ոք լինի-

widow's son raised him from the dead,

51. By how much more shall Jesus Christ revive you on that day with a perfect body, even as he himself hath risen?

52. But if ye receive other things vainly,

53. Henceforth no one shall cause me to travail: for I bear on my body these bonds

54. To obtain Christ, and I suffer with patience these afflictions to become worthy of the resurrection of the dead.

55. And do each of you having received the law from the hands of the blessed prophets and the holy gospel, firmly maintain it;

56. To the end that you may be rewarded in the resurrection of the dead and the possession of life eternal.

57. But if any of ye not believing

ցի և յանցանիցէ, դատաստան 'անձին իւրում նիւթէ ընդ չարագործսն. և ընդ այնոսիկ որ զայնպիսի առաջարկութիւն մոլորութեան մարդկան ունին՝ պատժին։

58. Զի նոքա ինքնին իսկ են ծնունդք իժից և կորիւնք օձից և քարբից։

59. Մերժեցարուք և 'ի բաց մեկնեցարուք 'ի նոցանէ զօրութեամբ Տեառն մերոյ Յիսուսի Քրիստոսի։

60. Եւ եղիցի ընդ ձեզ խաղաղութիւն և շնորհք Անդրանկին սիրելոյ. Ամէն։

shall trespass, he shall be judged with the misdoers and punished with those who have false belief.

58. Because such are the generations of vipers, and the children of dragons and basilisks.

59. Drive far from amongst ye, and fly from such, with the aid of our Lord Jesus Christ.

60. And the peace and grace of the beloved Son be with you! Amen.

LORD BYRON'S

POETRIES

ԼՈՐՏ ՊԱՅՐԸՆԻ

ՔԵՐԹՈՒԱԾՔ

THE DESTRUCTION OF SENNACHERIB

The Assyrian came down like the wolf on the fold,
  And his cohorts were gleaming in purple and gold;
  And the sheen of their spears was like stars on the sea,
  When the blue wave rolls nightly on deep Galilea.
Like the leaves of the forest when summer is green,

  That host with their banners at sunset were seen:
  Like the leaves of the forest when autumn hath blown,
  That, host on the morrow lay wither'd and strown.

ԿՈՏՈՐԱԾ ԲԱՆԱԿԻՆ

ՍԵՆՆԵՔԵՐԻՄԱՅ

Հրոսէր Ասուր որպէս ըղգայլ 'ի հօտ
գառանց.
Վաշտք իւր վառեալք ոսկեփողփող
ծիրանեծագ.
Եւ շողք տիգացն որպէս աստեղք հա-
րեալ թափանց
Ի Գալիլեայն գիշերաշարժ կապոյտ
կոհակ:

Որպէս սաղարթք մայրեաց դալար ամա-
րայնի
Դրօշք թշնամեաց շողշողային 'ի
մուտս արփւոյն.
Որպէս սաղարթք մայրեաց տըմոյն
'ի յաշնայնի
Գունդք թշնամեաց տապաստ կային
'ի դարձն այգոյն:

For the Angel of Death spread his wings on the blast,
    And breathed in the face of the foe as he pass'd;
    And the eyes of the sleepers wax'd deadly and chill,
    And their hearts but once heaved, and for ever grew still!

And there lay the steed with his nostril all wide,
    But through it there roll'd not the breath of his pride:
    And the foam of his gasping lay white on the turf,
    And cold as the spray of the rock-beating surf.

And there lay the rider, distorted and pale,
    With the dew on his brow and the rust on his nail;
    And the tents were all silent, the banners alone,

Քանզի սփռեաց զթեւս 'ի միգի՛ հրեշ-
տակ մահուն.
Յերթալն խւրում փըչեաց 'ի դէմս
գընդին չըւառ.
Եւ կափուցան աչք նիրհելոցն 'ի ցուրտ
'ի քուն,
Եւ սիրտք ըզմի նուագ ամբարձեալք՝
ցածեան իսպառ:

Անդ տարածեալ կայ երիվար ռընգամ-
քըն բաց,
Այլ ոչ հրաշունչ փորատելով ահեղա-
լանջ.
Փրփուրն յերախ ձեան գոյն մածեալ
վէրայ մարգաց,
Ցուրտ զինչ կոհակ բաղխեալ ընդ
ժայռ ու 'ի ծով նահանջ:

Եւ անդ հեծեալ դըննի յորսայս եւ դալ-
կահար,
Յունք ցօղաթուրմ, կազմած զինուն
հարեալ 'ի ժանգ.
Անդ վրանք կանգնեալք լըռինք, և
անդ դրօշք վայրապար,

The lances unlifted, the trumpet unblown.

And the widows of Ashur are loud in their wail,
  And the idols are broke in the temple of Baal;
  And the might of the Gentile, unsmote by the sword,
  Hath melted like snow in the glance of the Lord!

Անդ նիզակք կոր, եւ փողք անձայն
ու անսարձագանգ։

Եւ ողբս առեալ ճրչէն կոծին այրիքն
Ասուր.
Կործան դընին կուռք 'ի տաճարըս
Բահաղու.
Եւ զօրութիւն հեթանոսաց մաշեալ
'ի սուր,
Ի հայել Տեառն՝ որպէս ըզձիւն հա-
լեալ հեղու։

ADRESS

TO THE OCEAN

There is a pleasure in the pathless
    woods,
  There is a rapture on the lonely
    shore,
  There is society, where none in-
    trudes,
  By the deep sea, and music in its
    roar:
  I love not Man the less, but Nature
    more:
  From these our interviews, in which
    I steal
  From all I may be, or have been
    before,
  To mingle with the universe, and
    feel

ՈՒՂԵՐՁ

ԱՌ ՈՎԿԻԱՆՈՍ

Հեշտալիք լինձ անտառք անհետք եւ
անկոխք,
Զմայլեցուցիչք ոգւոյս՝ ափունք մե-
նաւոր.
Ընկերութիւն՝ զոր ոչ յանկարծ խռո-
վէ ոք,
Ի ծովն 'ի խոր, ուր ձայնք նուագաց՝
ալիքն իւր:
Զմարդիկ չատեամ, յաւէտ սիրեմ
ըզբնութիւն,
Մինչ յայս սոցին երթամ, 'ի նոյնս
զիս ծածկել
Յորմէ եղէն և. յոր կարեմըս լինել,

Զանձն իմ խառնել ընդ տիեզերս
եւ ըզգալ

What I can ne'er express, yet can
    not all conceal.

Roll on, thou deep and dark blue O-
    cean — roll!
    Ten thousand fleets sweep over
        thee in vain;
    Man marks the earth with ruin —
        his control
    Stops with the shore; — upon the
        watery plain
    The wrecks are all thy deed, nor
        doth remain
    A shadow of man's ravage, save his
        own,
    When, for a moment, like a drop
        of rain
    He sinks into thy depths with bub-
        ling groan,
    Without a grave, unknell'd, uncof-
        fin'd, and unknown.

His steps are not upon thy paths, —
    thy fields

Զոր ոչ յայտնել կարեմ եւ ոչ լուռ
ինչ կալ:

Ե՛րթ ովկէան արջնակագոյն, թաւ
ընդ թաւ.
Զուր ըղմկանամբ քոլք սահարկէ
նաւախումբ.
Մարդ աւերէ զերկիր, կասի առ
ծովափ.
Անդ քո եղերք արձանանան նըմին
թումբ:
Ի ջուրցն 'ի դաշտ' դու լոկ գործես
աւերած.
Մի է միայն մարդոյն աւեր անդ. ինքն
իսկ,
Յորժամ հանդոյն տեղատարափ ան-
ձրեւաց
Վիժէ ծողփմամբ 'ի խորս քոյին յոր-
ձանոտ,
Անդադա՛ղ, անհունչ, անպատ ուան-
ժանօթ:

Ոչ ձըգեսցեն ոտք նորա ընաւ հետս
'ի քեզ.

Are not a spoil for him, — thou dost arise
And shake him from thee; the vile strength he wields
For earth's destruction thou dost all despise,
Spurning him from thy bosom to the skies,
And send'st him, shivering in thy playful spray
And howling, to his gods, where haply lies
His petty hope in some near port or bay,
And dashest him again to earth: — there let him lay.

The armaments which thunderstrike the walls
  Of rock-built cities, bidding nations quake,
  And monarchs tremble in their capitals,

Ոչ վարեսցէ զկապուտ հովտացդ յաւարի.
Դու վերացեալ՝ 'ի բաց ըզնա հերքեսցես,
Հենգնեալ զուժովն՝ որով նա դղորդտայ երկրի.
Անդընդամուղ տրոփմամբ ձըգես զնա 'նդ երկին,
Եւ ջախջախեալ տաս խաղալիկ քոց ծըփանց,
Մինչ նա դեռ դից մաղթէ, ու առ յոյս չըւառին՝
Հուպ նաւակայս կամ գոգ ուրեք շնորհէ բաղդ.
Վարեալ ձըգես 'ի ցամաք. Թո՛ղ կացցէ անդ։

Որմնախարխար զէնք որձաքար դըղեկաց
Սարսեցուցինք ազանց բախմամբ չանթակոփք,
Թագաւորաց դրդուինք 'ի գահս անդ իւրեանց,

The oak leviathans, whose huge
    ribs make
Their clay creator the vain title
    take
Of lord of thee, and arbiter of war;

These are thy toys, and, as the sno-
    wy flake,
They melt into thy yeast of waves,
    which mar
Alike the Armada's pride, or spoils
    of Trafalgar.

Thy shores are empires, changed in
    all save thee —
  Assyria, Greece, Rome, Carthage,
    what are they?
  Thy waters wasted them while they
    were free,
  And many a tyrant since; their sho-
    res obey
  The stranger, slave, or savage;
    their decay

Կիտահասակ կաղնեկուռ նաւք լայ-
նակողք՝
Յոր պանծացեալ կոչէն հաստիչքն
հողեղէն
Զանձինս իշխան ծովու և տեարքս
մարտից,
Սոքա զբօսանք են քո, և զերդ ձեան
ծըւէն
Յալեացդ հալին փրփուրս՝ եղոյն ա-
տընհար
Գոռն Արմատայ եւ Նըշխարաց Դրա-
փալկար։

Ափունքդ այդ են պետութիւնք՝ բիւր
փոխեալ դէպ.
Ասուր, Ելլադ, Հռովմ, Կարքեդոն,
զի՞նչ դոքին.
Ջուր քո մաշէր ըզնոսա, մինչ բըռ-
նակերպ
Յազատութեան մինչ իւրեանց դեռ
յողային.
Եկաց, խըժից և ստըրկացնոք՞ արկին
սանձ.

Has dried up realms to deserts: — not so thou,
Unchangeable save to thy wild wave's play —
Time writes no wrinkle on thine azure brow —
Such as creation's dawn beheld, thou rollest now.

Thou glorious mirror, where the Almighty's form
  Glasses itself in tempests; in all time,
  Calm or convulsed — in breeze, or gale, or storm,
  Icing the pole, or in the torrid clime
  Dark-heaving; — boundless, endless, and sublime —
  The image of Eternity — the throne
  Of the Invisible; even from out thy slime

Յանկման նոցա ՚սպառք ուանապառք
դըձձեցան.
Ո՛չ այդպէս դու. կաս անփոխ բայց
'ի մկանանց.
Կապոյտ գլխիդ չածէ խորշոմս ամա-
նակ,
Իբր 'ի ստեղծմանն այգուն՝ հոսես
նոյնգունակ:

Ո՛վ հրաշափառ դու հայելի, յոր Վե-
հին
Կերպարանի դիմակ 'ի ծուփըս մըրր-
կաց.
Եւ մինչ հանդարտ, մինչ 'ի սարսառու,
'ի հողմն,
Ի փոթորիկս, առ սառնասոյզ բեւե-
ռաց
Եւ ընդ Թօնուտ այրեցածին խորշա-
կաւ,
Անեզր ուանհուն յաւերժութեան
դու պատկեր,
Գահ անտեսին: Ի քո հիւթոյ կառու-
ցաւ

The monsters of the deep are made; each zone
  Obeys thee; thou goest forth, dread, fathomless, alone.

And I have loved thee, Ocean! and my joy
  Of youthful sports was on thy breast to be
  Borne, like thy bubbles, onward: from a boy
  I wanton'd with thy breakers — they to me
  Were a delight; and if the freshening sea
  Made them a terror — 't was a pleasing fear,
  For I was as it were a child of thee,
  And trusted to thy billows far and near,
  And laid my hand upon thy mane — as I do here.

Ջովիր ղեռնոյ վըհիդ· Երկիր քեզ
պատկառ.
Միգամ դու պերձ, անհետազօտ մե-
նափառ:

Եւ սիրեցի ես ըզքեզ ո՜ ովկեան.

Ինձ մանկական զըօսանք եղեն քո
ալիք,
Սահիլ 'ի նոյնս՝ պըղպըջակաց քոց
նըման,
Եւ ափնակոծ կոհակքդ ինձ միշտ
խաղալիկք·
Հաճոյք էին ինձ այնք. եւ ծով թէ
ցըրտիկ
Ահ արկանէր նոքօք՝ ախորժ եւ ահն
էր·
Զի նման նոյին էի եւ ես քո մանկիկ,
Վըստահ յալեացդ ըզբօսակս մերձ
եւ հեռուստ,
Եւ ձեռն իմ էր՝ իբր արդ՝ 'ի բաշ քո
հարուստ:

ON WATERLOO

There was a sound of revelry by night,
  And Belgium's capital had gather'd then
  Her beauty and her chivalry, and bright
  The lamps shone o'er fair women and brave men;
  A thousand hearts beat happily; and when
  Music arose with its voluptuous swell,
  Soft eyes look'd love to eyes which spake again,
  And all went merry as a marriage-bell;
  But hush! hark! a deep sound strikes like a rising knell!

Ի ՎԱԴԵՐԼՈՒ

Բոմբիւն ձայնի հընչէր 'ի մէջ գիշերի.

Խըմբեալ կային 'ի մայր Բէլգեան
քաղաքաց
Պար նազելեաց ու ասպետք. եւ լոյս
լապտերի
Լոյս տայր արի արանց, կանանց գե-
ղեցկաց.
Հազարք սըրտից բաբախէին բարե-
բաստ.
Եւ մինչ ամբարձ զուարճութիւն ձայն
ուժեղ՝
Աչք սիրաշարժ հայէր զիպէր աւ
աչեղ.
Իբր հարսանեաց 'ի կոչ եկեալ ըզ-
ուարթք յոյժ. —
Այլ լո՛ւ. խոր հընչէ ձայն զինչ զանգ
մահազդոյժ: —

Did ye not hear it? — No; 't was but
 the wind,
 Or the car rattling o 'er the stony
 street;
 On with the dance! let joy be un-
 confined;
 No sleep till morn, when Youth and
 Pleasure meet
 To chase the glowing hours with
 fliyng feet —
 But, hark! — that heavy sound
 breaks in once more,
 As if the clouds its echo would re-
 peat;
 And nearer, clearer, deadlier than
 before!
 Arm! arm! it is — it is — the can-
 non's opening roar!

Within a window'd niche of that high
 hall
 Sate Brunswick's fated chiftain;
 he did hear

Ո՛չ լսիցէք, — ո՛չ. հողմոց հունչ լիցէ
    այդ,
Կամ թէ կառաց ընդ սալս ռահից
    դըղըրդիւն.
Համպա՛ 'ի պար. երկարեսցին խինդ
    եւ կայթ
Մինչ ցառաւօտ, զի 'նդ խաղուց եւ
    մանկութիւն
Յորս եռանդուն ժամուց 'ի թռիչս
    արագոտն: —
Այլ լո՛ւռ... ահեղ իմն հընչէ ձայնն
    այն յանկարծ,
Որպէս ամպոց կըրկնեալ ըղնոյն իրե-
    րաց.
Մօտ իսկ ահա եւ մահագոյժ գայ
    որոտ.
Ի զէ՛ն 'ի զէ՛ն. ահա շանթէ զայդ
    հրանօթ:

Ի պատըւգամբ պատուհանաց դահլըճին

Պրունզվիլքայն պերճ զօրաւար բազ-
    մեալ կայր.

That sound the first amidst the festival,
And caught its done with Death's prophetic ear;
And when they smiled because he deem'd it near,
His heart more truly knew that peal too well
Which stretch'd his father on a bloody bier,
And roused the vengeance blood alone could quell:
He rush'd into the field, and, foremost fighting, fell.

Ah! then and there was hurrying to and fro,
And gathering tears, and tremblings of distress,
And cheeks all pale, which but an hour ago
Blush'd at the praise of their own loveliness;

Նա լուսաւ ըղձըլինդն 'ի սպարու անդ-
զատաւջին ,
Ու անդէն ձայնին մահագուշակ ուն-
կըն տայր ·
Մինչ այլք հեռի կարծեալ շարժին 'ի
ծիծաղ ,
·Քաջ ճանաչէ սիրտ իւր ըղձոռն այն
շըշուկ՝
Որ յարիւնոտ արկ 'ի դադաղ զհայրն
եղուկ ·
Զարթոյց վրէժ՝ ում յագուրդ ա-
րեանց լոկ ճապաղ ,
Դիմեաց 'ի դաշտն եւ ոգորեալ անկաւ
նախ ։

Ա՜հ , խուճապ այսր և անդր յառնէ յան-
կարծոյն ·
Եւ արտասուաց հոսանք , սարսուռք
սըրտանեղ ,
Դիմաց դալուկըն փըլթթելոց վարդա-
գոյն ,
Խուն մի յառաջ սխրացելոց յանձանց
դեղ ·

And there were sudden partings,
  such as press
 The life from out young hearts, and
  choking sighs
 Which ne'er might be repeated;
  who could guess
 If ever more should meet those mutual eyes
 Since upon night so sweet such awful morn could rise!

And there was mounting in hot haste
  the steed,
 The mustering squadron, and the
  clattering car,
 Went pouring forward with impetuous speed,
 And swiftly forming in the ranks of
  war;
 And the deep thunder peal on peal
  afar;
 And near, the beat of the alarming
  drum

Անդ անջատմունք յեղակարծ, ցաւք
դառնագին,
Կիրք ոգետանջ որ քաղէ զսիրտըն
մանուկ.
Հառաչանաց անդարձից դառըն մըղ-
ձուկ.
Ո՛ ընաւ կարծէր՝ տեսեալ զաչացն ա-
կնարկին՝
Թէ զցայգն այն հեշտ՝ մերկասցի՛ այգ-
ահագին:

Անդ խուճապաւ հեծելութիւնք յերի-
վար,
Տրոփիւն ջոկաց զօրուն, կառաց դը-
ղըրդմունք,
Մին ըզմիւսով մըղել 'ի թափըս սրա-
վարք.
Գընդից գընդից ռազմ յարդարել
երագունք.
Եւ 'ի հեռուստ շռինդըն փողոյ շան-
թաձայն՝
Ազդեալ զօրուն կանխել քան զաստղ
օրավար.

Roused up the soldier ere the morning star;
While throng'd the citizens with terror dumb,
Or whispering, with white lips —
 « The foe! They come! they come! »

And wild and high the « Cameron's gathering » rose!
The war-note of Lochiel, which Albyon's hills
Have heard, and heard, too, have her Saxon foes: —
How in the noon of night that pibroch thrills,
Savage and shrill! But with the breath which fills
Their monutain-pipe, so fill the mountaineers
With the fierce native daring which instils
The stirring memory of a thousand years,

Եւ շտապ սպակշոտ քաղաքայեաց լը-
ռելեայն,
Հըծծխունք գեղնեալ շըրթանց՝ թ՞ ու-
սոխք, ահա դան։

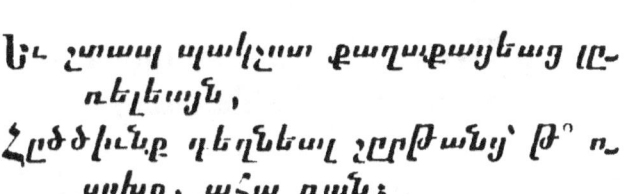

Եւ Կամրոնեան հընչէր տոհմին Նըւագ-
սոնք։
Եւ Լոքիլայն մարտահրաւէր եղանակ՝

Զոր Ալբիոն լուաւ և ոսոխքն իւր
Սաքսոնք.
Զի՜ խըժալուր ըզգիշերեաւ հասարակ

Հընչէր տիկփող. բայց որ 'ի սրինգըն
լերանց՝
Նոյն շունչ փըչէր և լեռնորդեայց
բուռն աշխոյժ
Ըզհայրենին դրդեալ վըսեր և խրոխտ
ոյժ.
Հազարամեայք կանգնէին յուշք փա-
ռապանծ,

And Evan's, Donald's fame rings in
each clansman's ears!

And Ardennes wawes above them her
green leaves,
   Dewy with nature's tear-drops, as
they pass,
   Grieving, if aught inanimate e'er
grieves,
   Over the unreturning brave, — a-
las!
   Ere evening to be trodden like the
grass
   Which now beneath them, but abo-
ve shall grow
   In its next verdure, when this fiery
mass
   Of living valour, rolling on the foe,

And burning with high hope, shall
moulder cold and low.

Last noon beheld them full of lusty
life,

Նւան, Տօնալտ Հաչակէլին ՚ստ տոհմս
իւրեանց։

Շարժլի զնդքօք Արտէն կանաչ՚ի տերև,

Ցանցըս նոցուն՝ ցօղով՛ բնութեան
արտասուաք
Լայ թաթաւեալ, թէ լան անշունչք
արդարև,
Ցանդարձական վերայ քաջացն այն,
եղո՜ւկ,
Ոյք ընդ երեկս լցեն կոխանք իւր
ըղձէգ՝
Զոր արդ կոխեն նոքա. և սա փթը-
թի նոր.
Իսկ դենսազգեաց խուռըն բանակդ
այդ հըզօր՝
Որ մեծայոյս գրոհ տայ յոսոխն՝ ալեաց
պէս,
Անկցի տապաստ և ցուրտ լուծեալ
մեջամէջ։

Երիկեան տւին ետես առոյգս ըզնոսին,

Last eve in Beauty's circle proudly
 gay,
The midnight brought the signal-
 sound of strife,
The morn the marshalling in arms,
 the day
Battle's magnificently-stern array!

The thunder-clouds close o'er it,
 which when rent
The earth is cover'd thick with o-
 ther clay,
Which her own clay shall cover,
 heap'd and, pent,
Rider and horse, — friend, foe, —
 in one red burial blent!

Երկուն՝ սէգս՝ ընդ գեղեցկաց գալ 'ի
պար.
Զայն ետ մարտի պահ հասարակ գի-
շերին,
Այգըն ծագեաց նոցին 'ի ռազմ դա-
սավար,
Եւ տիւն 'ի պերճ սպառազինէր գի-
նու զարդ:
Ամպրոպ շանթից ծածկեաց ըզվայրն,
եւ բացաւ.
Ու ահա երկիր կաւ իմն ունէր խիտ
գիւրեաւ՝
Զոր յիւրն 'ի կաւ մընայր ծածկել
խուռն եւ հարթ,
Ի մի կարմիր հող զուռղք սոսխք, ձի
եւ մարդ:

TO TIME

Time! on whose arbitrary wing
   The varying hours must flag or fly,

Whose tardy winter, fleeting spring,
   But drag or drive us on to die, —

Hail thou! who on my birth bestow'd
   Those boons to all that know thee known;
Yet better I sustain thy load,
   For now I bear the weight alone.

I vould not one fond heart should share

ԱՌ ԺԱՄԱՆԱԿ

Է՛ ժամանակ, որ ըստ Թեւոյըդ հաճոյս
Գնացուցանես կամ կասես զժամս
զանազան,
Որոյ դանդաղ ձմեռըն, դարուն վա-
ղախոյս։
Ի մահ ըզմեզ վարեն փութով ուանա-
գան.

Կեցցես, ո՛վ դու, որ շնորհեցեր 'ի ծնըն-
դեանս՝
Ըզձիր ծանօթ որոց ըզքեզ ճանա-
չեն.
Քաջիկ ըզգամ այժմ ըզբեռինըդ տու-
գանս
Ձի միայնակ ըզծանրութիւն կրեմ
ինձէն.

Ոչ կամիմ ո՛չ եթէ կրէ սիրտ գորովի

The bitter moments thou hast given;
And pardon thee, since thou couldst spare
All that I loved, to peace or heaven.

To them be joy or rest, on me
   Thy future ills shall press in vain:
I nothing owe but years to thee,
   A debt already paid in pain.

Yet even that pain was some relief;
   It felt, but still forgot, thy power;
The active agony of grief
   Retards, but never counts the hour.

Ըզդառնորակ վայրկեանս՝ զոր դուդ
ինձ ետուր.
Թողեալ իմ քեզ, քանզի ոչ ես սի-
րեցի՝
Խնայեցեր կալ յերկինս կամ աստ՚ի
յանդոյր.

Թող հանգիցեն եւ զուարճասցին, ՚զիս
ի զուր
Կուտեալ չարիք քո ճնշեսցեն յա-
պառնին.
Քեզ չըպարտիմ ինչ, բայց զամացըս
տրիտուր,
Պարտք՝ զոր կանխաւըն հատուցի
վըշտագին:

Սակայն եւ վիշտք չեղեն համայն ան-
նըշմար,
Թէպէտ ըզգան նուազել ըզքո ձեռին
սաստ.
Անագանէ օրհաս ցաւոց սաստկահար
Այլ ոչ թըւէ զթըռուցեալ ժամս
յանըզգաստ:

In joy I've sigh'd to think thy flight

    Would soon subside from swift to slow;
Thy cloud could overcast the light,

    But could not add a night to woe;

For then, however drear and dark,

    My soul was suited to thy sky;

One star alone shot forth a spark

    To prove thee — not Eternity.

That beam hath sunk, and now thou art
    A blank; a thing to count and curse

Through each dull tedious trifling part,

Ի խընդութեան հառաչեցի ընդ թռիչըս
քոյ՝
Թէ յամրանայ երագութիւնդ այդ
թեւոց.
Մարթ է ամպոյդ ածել ստուերածըս
լուսոյ՝
Այլ ոչ գիշերըս յաւելուլ ինչ ցա-
ւոց։

Քանզի յայնժամ թէպէտ տըխուր եւ
մըթին՝
Հոգիս ձըգեալ գընայր զերկնից քոց
ըզհետ,
Մի միայն աստըղ ճաճանչէր անդըս-
տին
Յայտնել՝ զի չես յաւերժութիւն դու
անկէտ։

Սուղաւ ճաճանչն այն. արդ ոչինչ ես
դու իր,
Թըւարկութեան եւ անիծից նը-
շաւակ,
Ընդ բնաւ մասանցըդ սեաւ, տաղ-
տուկ ու առաւիր,

Which all regret, yet all rehearse.

One scene even thou canst not deform;
The limit of thy sloth or speed

When future wanderers bear the storm

Which we shall sleep too sound to
heed:

And I can smile to think how weak

Thine efforts shortly shall be shown,

When all the vengeance thou canst
wreak
Must fall upon — a nameless stone.

Զոր աշխարէ համայն, Թըւէ եւ համակ։

Ըզտեսարան եղծանել չիք քո հընար․
Զերագութեանդ կամ զյապաղմանըդ սահման՝
(Երբ յետ մեր այլք լիցին 'ի քէն մըրըրկահար)
Ու եւս լուիցուք՝ գոլով 'ի խոր 'ի նիրհման,

Զծաղու եկից՝ յիշեալ թ՝ երբ յետ սակաւու
Տըկարասցի ճիգնըդ ջանից բազմադէմ,
Յորժամ համայն մըթերք քինուդ վրիժառու
Կուտեալ հարցեն զանանուն մի եւեթ վէմ։

STANZAS

COMPOSED

DURING A THUNDER-STORM

Chill and mirk is the nightly blast,
   Where Pindus' mountains rise,
And angry clouds are pouring fast
   The vengeance of the skies.

Our guides are gone, our hope is lost,
   And lightnings, as they play,
But show where rocks our path have cross'd,
   Or gild the torrent's spray.

Is yon a cot I saw, though low?
   When lightning broke the gloom —

ՏԱՂ

ԵՐԳԵԱԼ

Ի ՇԱՆԹԱՁԻԳ ՄՐՐԿԻ

Ցուրտ եւ մըթին մէգ զայս գիշերս
Պատէ զլերամբ Պինդոսի,
Ամպք թօնընկէց թափեն մըթերս
Զահեղասաստն եթերի.

Չեն առաջնորդ.ք մեր աստ, չիք յոյս.
Փայլատակունք յայտնեն շուրջ
Կամ առապարս հետակորոյս

Կամ ոսկեվառ հեղեղ լուրջ.

Հի՞ւղ արդեօք դ' այդր իջէ ցածուն,
Յորժամ փայլակըն ծագի —

How welcome were its shade! — ah,
    no!
'Tis but a Turkish tomb.

Through sounds of foaming waterfalls,
    I hear a voice exclaim —
My way-worn countryman, who calls
    On distant England's name?

A shot is fired — by foe or friend?
    Another — 't is to tell
The mountain-peasants to descend,
    And lead us where they dwell.

Oh! who in such a night vill dare
    To tempt the wilderness?
And who 'mid thunder-peals can hear
    Our signal of distress?

And who that heard our shouts would
    rise
    To try the dubious road,
Nor rather deem from nightly cries
    That outlaws were abroad?

Չի՛ ցանկալի մեզ շուք Նորուն. —

Այլ ո՛չ, դամբան է Տաճկի։

Կարկաջահոս ընդ ջուրց սահանս
Ես ձայն լըսեմ գոչելոյ.
Մի՞ ուղեցոյցն խմչինական
Կարդայ զանուն Անգղիոյ։

Հրացան ճայթէ. ոսո՞խ թէ հիւր.
Ահա միւս եւս. գայ 'ի վայր
Գունդ լեռնականաց, տանել ընդ իւր
Ըզմեզ 'ի տուն սարաւոյր։

Ո՞ խշխեսցէ յոյս գոյն գիշեր
Փորձել զընացս յամայուող.
Ո՞ լուիցէ զձայն վըտանգիս մեր
Ի կայծականցըս թընդող.

Կամ թէ լըւեալ իսկ՝ յարիցէ՞
Ընդ ճանապարհ կեղակարծ,
Ո՞չ մանաւանդ կարծիցէ
Հունչ գիշերոյ արտալած։

Clouds burst, skies flash, oh, dreadful hour!
   More fiercely pours the storm!
Yet here one thought has still the power
   To keep my bosom warm.

While wandering through each broken path,
   O' er brake and craggy brow;
While elements exhaust their wrath,
   Sweet Florence, where art thou?

Not on the sea, not on the sea —
   Thy bark hath long been gone:
Oh, may the storm that pours on me
   Bow down my head alone!

Full swiftly blew the swift Siroc,
   When last I press'd thy lip;
And long ere now, with foaming shock,
   Impell'd thy gallant ship.

Ամպք շանթեն, օդք տեղան, ժա՛մ չար.

Քայթքեն հեղեղք սաստկագայր.
Այլ դեռ խորհուրդ մ' յիս ունի կար

Ջեռուցանել զծոցս յամայր:

Մինչ թափառիմս ի դար ու ի դիւր

Ընդ Թուփս եւ սար ժայռունակ,
Յապշոպ տարերցս յախընթոր
Ո՞ւր կաս քաղցրիկ Փլորենտեակ:

Ո՛չ 'ի ծուլիկ, ոչ 'ի ծուլիկ.
՛Նաւ քո գընա՛ց 'ի վաղուց.
Իցի՛ւ որ շուրջս հնչի մրըրիկ
Յիս լոկ հանէր ըղձայրուց:

Մինչ հուսկ տայի շըրթանցդ համբոյր
Շընչէր հարաւ անուշակ.
Եւ փրփրադէզ փութայր հարոյր
Վարէր ըզսէգ քո Նաւակ:

Now thou art safe; nay, long ere now
    Hast trod the shore of Spain;
'Twere hard aught so fair as thou
    Should linger on the main.

And since I now remember thee
    In darkness and in dread,
As in those hours of revelry
    Which mirth and music sped;

Do thou, amid the fair white walls,
    If Cadiz yet be free,
At times from out her latticed halls
    Look o'er the dark blue sea;

Then think upon Calypso's isles,
    Endear'd by days gone by;
To theirs give a thousand smiles
    To me a single sigh.

And when the admiring circle mark
    The paleness of thy face,
A half-form'd tear, a transient spark
    Of melancholy grace,

Սրդ վաղ դու 'րեմըն ծովասյուրծ
Ճեմիս յափունս Սպանիոյ.
Զէր իսկ դէպ ցարդ խաղ մնել ջուրց
Գեղեցկի քեզ Նըմանւոյ։

Եւ զի յիշեմ զ.քեզ տակաւին
Ի խաւարչուտ 'ի մըթանս,
Որպէս յանցեալ ժամս անդ հեշտին
Ի ձայնս երգոց ու 'ի հրճուանս.

Օ՜ն թէ Կադիքս իցէ ազատ,
Յորմունս անդ պերճ եւ սպիտակ
Դու 'նդ դա՞ըրճաց վանդակապատ
Յառեա՛ց ընդ ծովս կապուտակ.

Ա՛ծ զԿալիպսեայ կըղզեակն 'ի միտ
Յանցեալ աւուրս ըղձալի.
Տո՛ւր տո՛ւր այլոց հազար ժըմիտ,
Ինձ հառաչանս եւեթ մի։

Եւ մինչ դիտէ ակումբն ըզքեւ
Ըզդալկահար գոյն դիմաց,
Զարտօսր անկաղմ եւ զկայծ թեթեւ
Մելամաղձիկըդ շնորհաց,

Again thou'lt smile, and blushing shun
    Some coxcomb's raillery;
Nor own for once thou thought'st of
    one,
    Who ever thinks on thee.

Though smile and sigh alike are vain,
    When sever'd hearts repine,
My spirit flies o'er mount and main,

    And mourns in search of thine.

Դարձեալ ժըպտեսց եւ ըղձամտ լեր
Ի ծաղրածուաց փողաքուշ·
Եւ մի՛ պատմես թէ յիշեցեր
Զոր զքեզն ունի մըշտայուշ:

Թէպէտ զուր են հառաչք եւ ծաղր
Յորժամ հեծեն սիրտք անջատ,
Այլ թռուցեալ շունչս ընդ ծովս եւ
սար
Լալով խնդրէ զքոյդ անհատ:

CHURCH
OF S.t PETER

But lo! the dome — the vast and wondrous dome,
  To which Diana's marvel was a cell —
  Christ's mighty shrine above his martyr's tomb!
  I have beheld the Ephesian's miracle —
  Its columns strew the wilderness, and dwell
  The hyaena and the jackall in their shade;
  I have beheld Sophia's bright roofs swell
  Their glittering mass i'the sun and have survey'd

ՏԱՃԱՐ

Ս. ՊԵՏՐՈՍԻ

Ահա գումբէթն ընդարձակ ահա գում-
բէթն հրաշալի,
Առ որով խումն Անահտայն մեհեան
Թըւի տաղաւար.
Սա 'ի շիրիմ վըկային կանգնեալ սե-
ղան Քրիստոսի։
Տեսի զշըքնաղ եւ շինուած զԵփեսո-
սին հրաշափառ.
Վայրավատին սիւնք անկեալ նորուն
կային յամայի,
Ըզբորենի և զյովազ 'ի հովանոյն իւր
բնակել.
Տեսի զսըրբոյն Սոփիայ ձեղունս 'ի
փայլ արևուն,
Յաջողեցաւ ընդ դաբիրն այն սըրբա-
փայլ ինձ յառել

Its sanctuary, the while the usurping Moslem pray'd;

But thou, of temples old, or altars new,
   Standest alone -- with nothing like to thee --
   Worthiest of God, the holy and the true.
   Since Zion's desolation, when that He
   Forsook his former city, what could be,
   Of earthly structures, in his honour piled,
   Of a sublimer aspect? Majesty,

   Power, Glory, Strength, and Beauty, all are aisled
   In this eternal ark of worship undefiled.

Enter: its grandeur overwhelms thee not;

Մինչ աղօթկերք անդ կային մահմե֊
տականք տեարք Նորուն։

Այլ դու միայն կաս 'ի հին եւ Նոր տա֊
ճարս եւ սեղան,
Դու միայնակ կաս կանգուն չունելով
զոք հաւասար․
Դու լոկ սըրբոյն Աստուծոյ եւ ճըշ֊
մարտին քաջ արժան։
Ո՞ յերկրաւոր տաճարաց մըտցէ գե֊
ղոյդ ի պայքար․
Ցորմէ հետէ Սիովնի յաւեր դարձաւ
սուրբ խորան
Եւ ըզփառացն իւր եթող տէր բնա֊
կութիւն ըղնախկին,
Աճեղութիւն, մեծութիւն եւ փառք
եւ գեղ աստանօր
Համախըմբեալ ընդ յարկաւդ յաւեր֊
ժական տարածին,
Ուր սուրբ ուանխառըն պաշտի ճշմար֊
տութիւն երկնաւոր։

Մո՛ւտ աղէ․ ո՛չ ընկճեսցիս ո՛չ մեծու֊
թեամբ դու Նորին․

And why ? it is not lessen'd ; but thy
    mind,
Expanded by the genius of the
    spot,
Has grown colossal, and can only
    find
A fit abode wherein appear enshrin-
    ed
Thy hopes of immortality ; and thou

Shalt one day, if found worthy, so
    defined,
See thy God face to face, as thou
    dost now
His Holy of Holies, nor be blasted
    by his brow.

Thou movest — but increasing with
    the advance,
Like climbing some great Alp, which
    still doth rise,
Deceived by its gigantic elegance ;

Ոչ առ Նորայն ինչ նուաղել, այլ առ
լայնել մըտաց քոց,
Հըսկայաբար աճելով 'ի ձեռն ոգւոյ
տաճարին.
Զի եւ ոչ ա՛յլուր գտցի տեղի պատկան
ըղձից քոց
Բայց 'ի դադարն ուր քո յոյսք յան-
մահութիւն վերբերին:
Որ ելեսցէ եւ՝ տեսցես, թէ ոչ գտցիս
անարժան,
Տեսցես դու դէմ յանդիման զաս-
տուածութիւնն իսկ անճառ.
Որպէս գիւրն աստ տեսանես ըղսըր-
բութիւն սրբութեան,
Տեսցես եւ մի՛ հողասցիս յաչացն ահէ
վեհափառ:

Յառաջ խաղաս... եւ աճէ Նա յառա-
ջելդ եւս քան զեւս,
Որպէս գնալով ընդ Ալպեայց բար-
ձրադիտակ զառ 'ի վեր
Հըսկայակերպ գայ 'ի յայտ ցորչափ
պընդիմն 'ի վերելս,

Vastness which grows — but grows
 to harmonise —
All musical in its immensities;

Rich marbles — richer painting —
 shrines where flame
The lamps of gold — and haughty
 dome, which vies
In air with Earth's chief struc-
 tures, though their frame
Sits on the firm-set ground — and
 this the clouds must claim.

Thou seest not all; but piecemeal thou
 must break,
 To separate contemplation, the
 great whole;
 And as the ocean many bays will
 make,
 That ask the eye — so here con-
 dense thy soul
 To more immediate objects, and
 control

Աճել աճէ՛ հարազատ վայելչութեամբն
    առընթեր.
Դաշնակութիւն իմն եւ չափ տիրէ
    համայն անդ դոգյես,
Վէմք պատուական, գեղանկար պատ-
    կերք, սեղանք շողշողուն —
Ի քոց ոսկեակ կանթեղաց, եւ յաղ-
    թականն այն գումբէթ
Հանուրց երկրի շինուածոց՝ թէ եւ
    Նոքա զտակ առնուն
Գետնոյ վերայ, ամպածրար սորայն
    սլանայ ծայր եւեթ:

Ա.ռ դեռ ըզբնաւ ոչ տեսեր, ո՛ն քակեա
    լո՛յծ ըզբոլոր,
Եւ յառեալ մի առ մի տե՛ս զամե-
    նայնին ըզմասունս.
Իբր ովկիան բիւր յափունսըն գործէ-
    ծոց գոգաւոր
Ս.կան տեսոյ արժանիս. ծրարեա զհո-
    գւոյդ քո զաչկունս,
Ուրոյն ուրոյն դիտելով, դիր սանձ
    մըտաց զգուշաւոր,

Thy thoughts until thy mind hath got by heart
Its eloquent proportions, and unroll

In mighty graduations, part by part,

The glory which at once upon thee did not dart,

Not by its fault — but thine : our outward sense
  Is but of gradual grasp — and as it is
  That what we have of feeling most intense,
  Outstrips our faint expression ; even so this
  Outshining and o'erwhelming edifice
  Fools our fond gaze, and, greatest of the great,
  Defies at first our Nature's littleness,

Մինչեւ սրտիդ քո հարցին գեղա-
պատշաճ տիպք նորուն,
Եւ փոքր առ փոքըր կըրթեալ 'ի տե-
սութիւն բերիցես
Ըղձրաշաւեղ պատկերին զանհամե-
մատ մեծութիւն՝
Զոր 'ի սկըզբան չկարացեր զրաւել
աչացդ 'ի միտ տես։

Ոչ առ նորին ինչ՝ այլ քոյ զգայականիդ
թերութեան՝
Որում պատկերք ետ ընդ ետ կեր-
պարանին արտաքոյ,
Եւ չըբաւեն 'ի մեզ բանք ներքին
զգացմանց զօղ թարգման.
Հանգոյն եւ յայս սխրալի յահեղա-
խորխտ շինուածոյ
Շլացեալ աչացս ի պատրանս ըմբըռ-
նին մեծ պակուցման,
Երբ մեծութիւնն ահեղ՝ խաղ զփոքըր-
կութեանս առնէ զմեր.
Մինչեւ տակաւ ընդլայնեալ մերոց մը-
տաց ընդ նըմին

Till, growing with its growth, we thus dilate
Our spirits to the size of that they contemplate.

Then pause, and be enlighten'd; there is more
In such a survey than the sating gaze
Of wonder pleased, or awe which would adore
The worship of the place; or the mere praise
Of art and its great masters who could raise
What former time, nor skill, nor thought could plan;
The fountain of sublimity displays

Its depth, and thence may draw the mind of man
Its golden sands, and learn what great conceptions can.

'Դարձակեսցուք եւ զհոգիս քաջահա-
սուք այնց լինել
Որոց լոկով զարմացմամբ կայաք յա-
ռաջն 'ի գլնին:

Արձանացիր 'ի միտ առ, զի մեծ են
չանք դիտմանդ այդ
Քան զսքանչանս վայրապար կամ
զահ տեղւոյն սրբութեան
Կամ զհիացումն ընդ արուեստ ճար-
տարութեան որ կան անդ,
Եւ ընդ ճարտարս' որք զհանուրց վեհն
ամբարձին զայն արձան,
Որ ոչ ձեռին առաջնոց եւ ոչ մըտաց
եկն 'ի յայտ:
Վըսեմութիւն համօրէն 'աստանօր
կայ հոլանի.
Աստուստ կարեն մի առ մի քակել
հանել միտք մարդոյ
Զոսկեղինիկ աւազոյն առնուլ ըզչափ
պայմանի,
Եւ գիտել որքան զօրեն մեծամեծ
գիւտք հանճարոյ:

ON THE DEATH

OF A YOUNG LADY [1]

Cousin to the Author, and very dear to him.

Hush'd are the winds, and still the evening gloom,
  Not e'en a zephyr wanders through the grove,
  Whilst I return, to view my Margaret's tomb,
  And scatter flowers on the dust I love.

Within this narrow cell reclines her clay,
  That clay, where once such animation beam'd;

---

[1] The author claims the indulgence of the reader for this piece, as it was written at the age of fourteen.

Ի ՄԱՀ ՕՐԻՈՐԴԻ ՄԻՈՅ ՔԵՌՈՐԴԻ ՔԵՐԹՈՂԻՆ ԵՒ ՍԻՐԵԼԻ ՅՈՅԺ ՆՄԱ [1].

Հողմախաղաղ կան այերք, մուայլ է ե-
րեկս և անդորր,
Եւ ոչ սրզոխ մի զովաշունչ շրնչէ 'նդ
անտառըս մայրեաց.
Եւ ես երթամ ի խոկալ ըզՄարգար-
տայ գերեզման,
Եւ ընդ աճիւնսն անձկալի սփռել
ծաղկունըս պէսպէս։

Յայսմ ի յանձուկ տապանի կայ հան-
գուցեալ աճիւն իւր,
Որ վայրիկ մի յառաջ ճառագայթէր
այնչափ կեանս.

1 Յօրինեաց զտաղս Լորտ Պայրն 'ի չորեքտա-
սան ամս հասակին, որոյ վասն խնդրէ զներել
ընթերցանելեացն։

The King of Terrors seized her as
   his prey,
  Not worth nor beauty have her life
    redeem'd,

Oh! could that King of Terrors pity
   feel,
  Or Heaven reverse the dread de-
    crees of fate,
  Not here the mourner would his
    grief reveal,
  Not here the muse her virtues would
    relate.

But wherefore weep? Her matchless
   spirit soars
  Beyond where splendid shines the
    orb of day;
  And weeping angels lead her to
    those bowers
  Where endless pleasures virtue's
    deeds repay.

Իշխանն Արշաւրաց կապտեաց էառ
զայն յաւար․
Ուչ արդիւնք կամ դեղոյ շնորհ փըր-
կել ըզնա կարացին։

Ո՜հ Արքայն Զարհուրանաց Թէ զօրովն
ինչ կարէր,
Եթէ երկինք մեղմեալ էին ղդատա-
կնիքն անողոք,
Որ արտասուէն արդ ըզնա ոչ այլ
ցաւօք մորմոքէր,
Եւ ոչ Մուսա զուղղութիւնսն առնոյր
յայտնել աստանօր։

Այլ հիմ իցէ արտասուել․ հեզահամ-
բոյրն իւր հոգի
Սլացաւ 'ի վեր քան զաստեղս ուր
տըւընջեանն է արփի․
Եւ զուարթունք արտասուօք ածեն ի
սուրբ զինքն անտառս․
Ուր ուղղութեան են մըրցանակք
անթիւ հաճոյք վայելից։

And shall presumptuous mortals
    Heaven arraign,
    And, madly, godlike Providence accuse?
    Ah! no, far fly from me attempts so vain; —
    I'll ne'er submission to my God refuse.

Yet is remembrance of those virtues dear,
    Yet fresh the memory of that beauteous face;
    Still they call forth my warm affection's tear,
    Still in my heart retain their wonted place.

Եւ մեք ժըպիրհ մահացուք, տըրտո՛ւնջ
ունիմք մեք զերկնից,
Եւ յետսամիտք յանձնեմք ընդդէմ
երկնաւորին հրամանաց.
Ո՛հ քաւ լինէ՛ն ի բացեայ անմիտ խոր֊
հուրդք այսպիսի.
Ոչ ժըխտեցից Աստուծոյ զպարգև
կամաց իմ ձօնի։

Համայն և այսպէս քաղցր է յիշել զուղ֊
ղութիւնսն.
Հեշտ է ածել ընդ միտ զաւույգ ըղձեղն
և պայծառ.
Արտասուք իմ անդադար տեղացեն
յորդ վասն իւր,
Եւ պատկեր իւր դրոշմեալ կացցէ
յաւէժ ի սիրտ իմ։

TO THE DUKE

OF DORSET

Dorset! whose early steps with mine have stray'd,
  Exploring every path of Ida's glade;
  Whom still affection taught me to defend,
  And made me less a tyrant than a friend,

  Though the harsh custom of our youthful band
  Bade *thee* obey, and gave *me* to command;
  Thee, on whose head a few short years will shower
  The gift of riches and the pride of power;

ԱՌ

ԴՈՒՔՍՆ ՏՈՐՍԷԴ

Տորսէ՛դ, ընկեր ըզբօսանաց պատանե-
 կան իմ աւուրց,
Մինչ քև ընդ հովանուտ շաւիղս Ի-
 դայ յածէաք,
Դու՛ որոյ գըլթովըն վարժեցայ պաշտ-
 պան կալ,
Եւ ում քաղցըր սիրելի՝ քան բըռնա-
 ւոր ոք եղէ,
Համայն խիստ իսկ օրինօք գումար-
 տակիս մեր խըմբի,
Որ ինձ գիշխանութիւն՝ քեզ ըզհլու-
 թիւն տայր հրաման.
Դու՝ որ տեսցես ընդ սակաւ ամս տե-
 ղալ քոյինդ ի գլուխ
Ըզտուրըս ճոխութեանց, փառս և
 պատիւ զօրութեան,

E'en now a name illustrious is thine
  own,
Renown'd in rank, nor far beneath
  the throne.
Yet, Dorset, let not this seduce thy
  soul
To shun fair science, or evade con-
  trol,
Though passive tutors, fearful to
  dispraise
The titled child, whose future breath
  may raise,
View ducal errors with indulgent
  eyes,
And wink at faults they tremble to
  chastise.
When youthful parasites, who bend
  the knee
To wealth, their golden idol, not to
  thee, —
And even in simple boyhood's open-
  ing dawn
Some slaves are found to flatter and
  to fawn, —

Որ այժմէն հըռչակապանծ գոլով ա-
նուանդ հոյակապ,
Բարձիւ ձոխանաս՝ որ չէ ընդհատ ի
գահէ։
Համայն Տորսէդ մի՛ միջի քեզ հաւա-
տարիմ համարել
Փախչել ի գլխաւութեանց, զամենայն
սանձ խորտակել,
Թէ և վարժիչք ապիրատք՝ առ ահի
ոչ հաճոյ գոլ
Մանկանն ազատի՛ ում միջի կար
բաշխելոյ
Բարձս և պատիւ՝ 'ի Թերութիւնսդ
աչառանօք հայեսցին,
Եւ խիթացեալք պատուհասել՝ անտես
զյանցուածսդ արասցեն։
Յորժամ արբուն մարդելոյզք ծունըր
դընեն առաջի
Ոչ քոյ՝ այլ ձոխութեան, Նոյին աս-
տուած ոսկեձոյլ.
— Զի և յաւուրս ձիզմ մանկութեան
որ անկեղծիկն է և սեւն,
Շողոքորթեն մարդելոյզք պաշտօն
տանել զինչ ըստրուկ —,

When these declare, " that pomp alone should wait
On one by birth predestined to be great;
That books were only meant for drudging fools,
That gallant spirits scorn the common rules; "
Believe them not; — they point the path to shame,
And seek to blast the honours of thy name.
Turn to the few in Ida's early throng,
Whose souls disdain not to condemn the wrong;
Or if, amidst the comrades of thy youth,
None dare to raise the sterner voice of truth,
Ask thine own heart; 't will bid thee, boy, forbear;
For *well* I know that virtue lingers there.

Մինչ բարբառին մեծաբանս ասել
« Թէ դէպ է պանծալ
Շըքեղ փառօք որոյ ի բնէ յաւագու-
թիւն է ծընեալ.
Զի մատեանք գըրեալք են լոկ վասն
ոյց ի մոյր շըրջիցին,
Զի վեհ ոգւոց ապախտ առնել է զհա-
սարակաց օրինօք. »
Մի հաւատար՝ զի մատնանիչ առնեն
շաւիղս ամօթոյ
Եւ ջանան չիջելափառ առնել ըզփառս
անուան քում.
Ընտիր արա ի դասուց առոյգանձն
ընկերաց,
Ոյց պատրաստ իցէ սիրտ ատել ըզ-
չար աներկմիտ.
Եւ թէ ոչ գըտցի ի նոսին ոք աներ-
կիւղ, ըզխիստ ձայն
Ճըշմարտութեան բարբառել, հարց
զանպատիր սիրտ քոյին,
Նա ոչ խաբէ՝ քանզի գիտեմ զի ուղ-
ղութիւն անդ բնակէ.

Yes! I have mark'd thee many a
  passing day,
 But now new scenes invite me far
   away;
 Yes; I have mark'd within that ge-
   nerous mind
 A soul, if well matured, to bless
   makind.
 Ah! though myself by nature haugh-
   ty, wild,
 Whom Indiscretion hail'd her fa-
   vourite child;
 Though every error stamps me for
   her own,
 And doomes my fall, I fain would
   fall alone;
 Though my proud heart no precept
   now can tame,
 I love the virtues which I cannot
   claim.
'T is not enough, whith other sons of
  power,
 To gleam the lambent meteor of an
   hour;

Ի հերուն հետէ այո՛ դու մեծարոյ եղեր
ինձ,
Այլ խընամք ինձ նորանոր մեկնել ի
քէն տան հրաման։
Այո՛ տեսի ազնուախոհ մեծանձն ոգի
ես ի քեզ.
Որով թէ քաջ վարեսցիս՝ բերկրե-
ցուսցես ըզմարդիկ.
Ո՛հ ես ինքնին՝ թէպէտ բնութիւն
բուռն և խըրոխտ զիս ըստեղծ,
Յար ի վրիպանըս զառածեալ՝ կըն-
քեալ յանշուշտ կործանումն,
Այլ կործանել կամիմ միայն և մեծա-
րել մեծարեմ
Զառաքինի ուղղութիւնսն յորոց թա-
փուրըն գտանիմ,
Եւ թէպէտ ոչ մի խրատ զսիրտ իմ
կարէ ողոքել։

Ոչ շատ է քեզ ի մէջ այլոց որդւոց հըզօր
զօրութեան
փայլել լուսով վաղանցիկ զինչ երևոյթ
ընդ այերս.

To swell some peerage page in
　　feeble pride,
With long-drawn names that grace
　　no page beside;
Then share with titled crowds the
　　common lot —
In life just gazed at, in the grave
　　forgot;
While nought divides thee from the
　　vulgar dead,
Except the dull cold stone that
　　hides thy head,
The mouldering, scutcheon, or the
　　herald's roll,
That well-emblazon'd but neglect-
　　ed scroll,
Where lords unhonour'd, in the
　　tomb may find
One spot, to leave a worthless
　　name behind.
There sleep, unnoticed as the
　　gloomy vaults
That veil their dust, their follies,
　　and their faults,

Ոչ մարթի քեզ շատանալ սին պար-
ծանօք յաւելուլ
Դոյզն անուն 'ի տարեգիրս յանչափ
այնչափ շարս անուանց,
Վիճակակից լեալ յետ մահու մոռա-
ցելոց մինչ ի սպառ,
Մինչ վէմ ցըրտին զոսկերսըդ լոկ
բարձանեսցէ ի ռամկէն
Նըշանաւոր ի պաճոյճս ու՝ ի ժան-
գահար կընքադրոշմ
Պահեալք խնամովք և ոչ ումեք ինչ
ի զարմանս յակն անկեալք.

Ուր իշխանք անպատուեալք կարեն
գտանել ի շիրմի
Տեղի մի՝ թողեալ ըզհետ իւրեանց ա-
նուն անարժան.
Անդ նըրնջեն, անծանօթք հանգոյն
տըխուր կամարաց
Քօղարկեալ զաճիւնս իւրեանց, զյի-
մարութիւնս և վրիպանս.

A race, with old armorial lists
    o' erspread,
In records destined never to be
    read.
Fain would I view thee, with prophetic eyes,
Exalted more among the good and wise,
A glorious and a long career pursue,
As first in rank, the first in talent too;
Spurn every vice, each little meanness shun;
Not Fortune's minion, but her noblest son.
Turn to the annals of a former day;
    Bright are the deeds thine earlier
        sires display.
    One, though a courtier, lived a man
        of worth,
    And call'd, proud boast! the British drama forth.

Ազգ մի՛ լի՛ ի դըրուագայց կերտեալ
 շարս
Ի յիշատակս սահմանեալք չլինել եր-
 բեք ընթեռնլի։
Մինչ նըկատող ակամբ ի հոյլս իղձ է
 դիտել ինձ ըզքեզ
Ամբարձեալ ազնըւագութ և իմաս-
 տուն որերոյ,
Նւ անցանել ի հանդէս երկայնաձիգ
 լի փառք
Յառաջընտիր աւագութեան՝ իմաս-
 տութեամբ և ծագմամբ.
Առաթուր հարեալ զախտս՝ ամենևին
 անվատթար,
Պահպանեալ ոչ ի բախտէ այլ դեր
 ազնիւ իւր որդի։
Դարձի՛ զաչըդ և տես ըզտարեգիր ան-
 ցելոցն
Ուր դրօշմեալ կան հանդէսք մեծա-
 համբաւ քոյ հարանց.
Միումեղև փառք հայր լինել թատր-
 երգութեանըս մերում.
Մին մեծ եկաց ի մարտի, ի սինկլի-
 տոսն, յարքունիս,

Another view, not less renown'd for wit;
Alike for courts, and camps, or senates fit;
Bold in the field, and favour'd by the Nine;
In every splendid part ordain'd to shine;
Far, far distinguish'd from the glittering throng,
The pride of princes, and the boast of song.
Such were thy fathers; thus preserve their name;
Not heir to titles only, but to fame.

The hour draws nigh, a few brief days will close,
To me, this little scene of joys and woes;
Each knell of Time now warns me to resign mine:
Shades where Hope, Peace, and Friendship all were

Քաջամարտիկ ձեռներէց և սիրելի
մուսայից ,
Պարծանք իշխանաց և զարդ շքնաղ
Պառնասեայ ։
Այսպէս կացին հաւք քոյին . կալ ըղ-
նոցին փառս յոտին .
Լեր պայազատ ոչ լոկ անուանոյն այլ
և նոցին համբաւոյ .
Մերձ է ինձ ժամըն մօտալուտ, փոքըր
միւս ևս ւ՝ ոչ տեսից
Զհանդիսարան պատանեկան իմ հըր-
ճուանաց և ցաւոց .
Ընդ փոյթ հարկ է ինձ լըքանել ըզսի-
րահեշտ հովանոցս ,
Ցոր կէի ի կեանս յուսով մըտերմու-
թեամբ ւ՝ անդորրու ,
Ցոյս՝ որ փայլէր երփնազարդ գունա-
գեղիւք փայլ ի փայլ ,
Ճաճանչելով համայնասպառ ժամա-
նակին ընդ թևովք .
Անդոյր՝ զոր շաղմըկէր խորհուրդ ինչ
այլ եկամուտ ,

Hope, that could vary like the rainbow's hue,
And gild their pinions as the moments flew;
Peace, that reflection never frown'd away,
By dreams of ill to cloud some future day;
Friendship, whose truth let childhood only tell;
Alas! they love not long, who love so well.
To these adieu! nor let me linger o'er
Scenes hail'd, as exiles hail their native shore,
Receding slowly through the dark-blue deep,
Beheld by eyes that mourn, yet cannot weep.
Dorset, farewell! I will not ask one part
Of sad remembrance in so young a heart;

Եւ չամփոփէր ազդեցութիւն Նախա-
դուշակ աղետից.
Մտերմութիւն՝ որ ժըմտի լոկ ի ման-
կութեան սեռն և սերտ։
Ո՛հ չէ ներեալ սիրել զ'երկար որոց
գիտունն են ի սէր.
Համայնն էանց. ի սիրայնոց ցաւագին
զաչս անձատեմ։
Այսպէս պանդուխտ տարանջատ ի
բնակասնունդ գաւառէն
Դառնայ ի գետափն հայի կոյս կա-
պոյտ ընդ դաշտն յամրընթաց,
Ցաւագին ակնողեօք ոյց չէ տուեալ
արտասուել։
Ողջո՜յն Տորսէդ, ոչ խնդրեմ ես յարբուն
սըրտէդ յուշարար.
Վ՚ազիւըն ջընջեսցէ զանունս անհետ
անտ՝ խոյառ.
Այլ ի հասուն ամս հասակի թերևս
տեսցուք մեք զիրեարս,
Քանզի բախտ եդ ըզմեզ ի նոյն պա-
րոյրս ընթացից,

The coming morrow from thy youthful mind
Will sweep my name, nor leave a trace behind.
And yet, perhaps, in some maturer year,
Since chance has thrown us in the self-same sphere,
Since the same senate, nay, the same debate,
May one day claim our suffrage for the state,
We hence may meet, and pass each other by,
With faint regard, or cold and distant eye.
For me, in future, neither friend nor foe,
A stranger to thyself, thy weal or woe,
With thee no more again I hope to trace
The recollection of our early race:

Եւ քանզի՛ սինկլիտոսն ի մի և նոյն
վէճ բանից
Մարթիցի Անգղիոյ վերագոչել զմեր
կարծիս.
Ո՞գիտէ թէ յայնժամ անփոյթ լիցուք
ըզմիմեանց,
Կամ թէ թերևս անցցուք մօտ ցաս-
մընագին լըռութեամբ.
Անդ յայնժամ ոչ լիցիս ինձ հակա-
ռակորդ կամ մտերիմ.
Անփոյթ լիցիմ ես ընդ քո ելս յաջող
բախտիդ կամ ձախող.
Եւ այս հուսկ նուագ յուշ առնել
է պատանութեան ըզմեր ամս.
Ու՚ընդ միմեանս ՚այլ ըմբոշխնեմք
մըտերմութեան ըզհըրճուանս.
Ես ի խռան յայսմհետէ լուայց ըզձայն
քո ծանօթ.
Այլ եթէ ուխտ սըրտի անզօր ի ծած-
կել զկիրսն ի հարկէ,

No more, as once, in social hours rejoice,
Or hear, unless in crowds, thy well-known voice:
Still, if the wishes of a heart unthaught
To veil those feelings which perchance it ought,
If these, — but let me cease the lengthen'd strain, —
Oh! if these wishes are not breathed in vain,
The guardian seraph who directs thy fate
Will leave thee glorious, as he found thee great.

Եւ եթէ ուխտքս այսոքիկ ոչ ընդու-
 նայն ինչ լիցեն,
Զուարթուն՝ բախտիդ քո պահպան
 այն որ եգիտ ըղքեղ մեծ
Հընչեցուսցէ զանուն.քո մեծահըռչակ
 համբաւեալ։

THE TEAR

« O lacrymarum fons tenero sacros
Ducentium ortus ex animo quater
Felix! in imo qui scatentem
Pectore te, pia Nympha, sensit. »

GRAY

When Friendship or Love our sympathies move
   When Truth in a glance should appear,
   The lips may beguile with a dimple or smile,
   But the test of affection's a Tear.

Too oft is a smile but the hypocrite's wile,
   To mask detestation or fear;

   Give me the soft sigh, whilst the soul-telling eye
   Is dimm'd for a time with a Tear.

ԱՐՏԱՍՈՒՔ

« Ով աղբիւր արտասուաց, ծընեալ'ի
սիրտըս բարեգութ
Ըզօըրբութիւնըս՝ տանողաց. չորեք-
պատիկ երջանիկ
Որ զքեզ բըղխճալ ըզգայ յիւր ծոց՝
շնորհիւ գըլթած Յաւերժհարսին »

ԿՐԷՑ

Յորժամ սէր և մտերմութիւն յուզեն
զգորով մեր և գութ,
Յորժամ ճըշմարտութեան հարկ է
ծագել յականողիս
Շըրթունք մարթեն պատրել շարժ-
մամբ իւիք կամ ժըմտիւք իմն.
Այլ հաւաստիք առհաւատչեայք սե-
ւըն սիրոյ են արտասուք:
Բազում այն է զի ժըպիտ կեղծուպա-
տիր է նենգութիւն,
Առնել քողածածուկ ըատելութիւն
և կամ զերկիւղ.
Ինձ հաճոյ քաղցր այն հառաչ յոր-
ժամ աչկունքն՝ գործիք հոգւոյ,
Վայրիկ մի մըթագնին արտասուաց
ինչ թէ ի կաթիլս:

Mild Charity's glow, to us mortals below,
  Shows the soul from barbarity clear;
  Compassion will melt where this virtue is felt,
  And its dew is diffused in a Tear.

The man doom'd to sail with the blast of the gale,
  Through billows Atlantic to steer,

  As he bends o'er the wave which may soon be his grave,
  The green sparkles bright with a Tear.
The soldier braves death for a fanciful wreath
  In Glory's romantic career;

  But he raises the foe when in battle laid low,
  And bathes every wound with a Tear.

Անտի գութ եռանդուն ծանօթանայ հո-
գի աղնիւ.
Եւ մինչ յայտնէ զինք գըթութիւն,
քաղցրածաւալ սըփռէ զիւրև
Ըզցօղ իւր անոյշ ի մի կաթիլ լոկ ար-
տասուաց:
Մարդ թափառոտ 'ի թափս հողմոց և
ալէտանջ մըրըրկակոծ
Ընդ կոհակս ատլանտեան կայ խո-
նարհեալ յալեաց վերայ
Որ ընկլուզցեն զինք ընդ հուպ, և ի
վերայ կանաչ դաշտին
Թափէ յաչացն ականողեաց կաթիլ
մի լոկ արտասուք:
Մարտիկ մահու դիմագրաւող յուսով
ցնորեալ փառ սարդենույն
Միջամուխ յասպետական աղատա-
կամ փառաց կըրկէս,
Այլ կարկառէ նա ղաջն յաղթող առ
պարտեալն իւր թըշնամի
Եւ կաթիլ մի արտասուօք ըղնորուն
վէրս առողանէ:

If with high-bounding pride he re-
 turn to his bride,
Renouncing the gore-crimson'd
 spear,
All his toils are repaid when, em-
 bracing the maid,
From her eyelid he kisses the Tear.

Sweet scene of my youth! seat of
 Friendship and Truth,
Where love chased each fast-
 fleeting year,
Loth to leave thee, I mourn'd,
 for a last look I turn'd,
But thy spire was scarce seen
 through a Tear.
Though my vows I can pour to my
 Mary no more,
My Mary to Love once so dear,

In the shade of her bower I remem-
 ber the hour

Թէ երջանիկ՝ և խրոխտապանծ գայ առ
խօսեալն իւր ընկալուչ
Եւ զգեղարդն արիւնազանգ եդեալ ի
վայր հանգուցանէ.
Փոխարինեալ են անդ համայն քաջա-
րութեանց իւրոց ձըղձունք
Կալեալ ի գիրկս ըզսիրուհին մինչ ի
չըրթունսըն համբուրէ
Եւ արտասուաց մի կաթիլ յայտըն
փոխան գիտէ ցողեալ.
Վայր սիրելի իմ մանկութեան, վայր
սըրբութեան և մտերմութեան
Ուր տարին երագ վաղէր սիրոյ տար-
փիցս իմ յանդիման,
Ի թողուլս ըզքեզ տըխրեալ դարձայ
ի տես քո միւսանգամ,
Այլ աչօք արտասուաց հազիւ զբար-
ձունսըդ գիտեցի:
Ինձ լըսելի չէք այլ առնել առ Մարիամ
ուխտից երգմունս,
Ա՛ռ Մարիամ ինձ այգչափ տարփա-
տենչիկ երբեմն ուրեմն,
Այլ ինձ ի յուշ գայ այն վայրկեան
յոր 'դ հովանեաւ ծառաստանին

She rewarded those vows with a
    Tear.
By another possest, may she live
    ever blest!
  Her name still my heart must
    revere:
  With a sigh I resign what I once
    thought was mine,
  And forgive her deceit with a Tear,

Ye friends of my heart, ere from you
    I depart,
  This hope to my breast is most
    near:
  If again we shall meet in this rural
    retreat,
  May we meet, as we part, with a
    Tear.
When my soul wings her flight to
    the regions of night,
  And my corse shall recline on its
    bier,
  As ye pass by the tomb where my
    ashes consume,

Հաստուցումն ուխտիցս իմոց շնորհէր
ի չիթս ինչ արտասուաց:
Այլում է արդ նա զուգակից. իցէ՛ւ լի-
նէր երրերջանիկ,
Սիրտ իմ յաւէտ օրհնեսցէ յամայր
ամօք զիւր անուն.
Թողում ըղձիրտն հառաչանօք զոր
ինձ լինել համարէի.
Եւ ներեմ ուխտազանցին՝ այլ հեղ-
լով չիթ մի արտասուաց:
Ո՛հ դուք հոգւոյս սիրակցորդք չեւ ի մի-
մեանց տարանջատք,
Թողէք ասել ձեզ զիղձ մի ինձ յոյժ
սիրելական.
Թէ գտցուք դարձեալ զիրեարս դե-
ղազուարձ յայս օթեւանս,
Իցէ՛ւ տեսցուք ըղձիմեանս իրր ի Թո-
ղուլս արտասուօք:
Մինչ ի Թռիչս իւր սլասցի հոգիս ի մար-
զըս գիշերոյ.
Յորժամ մարմինս իմ հանգիցէ ի դա-
գաղի եղեալ յորսայս.
Եթէ լիցի ձեզ անցանել հանդէպ շիր-
մի ոսկերոտեացս,

Oh! moisten their dust with a Tear.

May no marble bestow the splendour
    of woe
  Which the children of vanity rear;

No fiction of fame shall blazon my
    name,
  All I ask—all I wish—is a Tear.

Ո՜հ բարեկամքդ իմ ցօղեցէք մի մի
կաթիլս արտասուաց։
Ոչ կուռք վիմարդք, ոչ մահարձանք չը-
քեղաշուք սըրտոյ ցաւոց
Զոր ամբառնան ունայնորդիք՚ի վերայ
իմ վերամբարձցին,
Ոչ պատիւ ինչ սրտապաճոյճ ընկե-
րեսցէ զիմ անուն.
Զոր խնդրեմս համայն ուխտիւք է շիթ
մի լոկ արտասուք։

ON THIS DAY I COMPLETE MY THIRTY-SIXTH YEAR

Missolonghi, Jan. 22, 1824.

'Tis time this heart should be un-
    moved,
  Since others it hath ceased to move:
Yet, though I cannot be beloved,
    Still let me love!
My days are in the yellow leaf;
  The flowers and fruits of love are
    gone;
The worm, the canker, and the grief

    Are mine alone!
The fire that on my bosom preys
  Is lone as some volcanic isle;

No torch is kindled at its blaze —
    A funeral pile.
The hope, the fear, the jealous care,

  The exalted portion of the pain

ՅԵՏԻՆ ՏՈՂՔ ՊԱՅՐԸՆԻ

Ի Միսսոլոնկի, ի յունուար, 1824.

Ժամ է սըրտին առնուլ արդ դուլ եւ
դադար,
Զի շարժել զայլս այսուհետեւ ոչ զօրէ.
Եւ թէպէտ չիք որ յիս հայի սիրաբար.
Այլ սիրել՝ միշտ ինձ քաղցր է։
Եկեալ հասին սաղարթք կենաց ւղա-
ղուն
Ի թօթափել մըրգոց սիրոյն եւ ծաղ-
կան.
Որդն եւ երր արդ եւ ցաւալից անձ-
կութիւն.
Սոքա եւեթ ինձ մընան։
Հըրոյն ճարակ որ ի ծոցիս ճապատի՝
Սա զբոցացայտ բերէ կըղզեացն ե-
րեւոյթ.
Զըվառ. ի ճրագ ի խարուկէ յայնմանտի.
Դամբանապա՛ս փայտակոյտ։
Ոչ եւս երկիւղ եւ յոյս եւ հոգք նա-
խանձու,
Ոչ եւս վըշտաց հաճոյախառըն բաժին,

And power of love, I cannot share,
>But wear the chain.
But 't is not *thus* — and 't is not *here* —

>Such thoughts should shake my soul, nor *now*.
Where glory decks the hero's bier,

>Or binds his brow.
The sword, the banner, and the field,

>Glory and Greece, around me see!

The Spartan, borne upon his shield,

>Was not more free.
Awake! (not Greece — she *is* awake!)

>Awake, my spirit! Think through *whom*
Thy life-blood tracks its parent lake,

>And then strike home!
Tread those reviving passions down,

Եւ ոչ սիրտ ոյժ ինձ իցեն բաղկացու,
Այլ կրեմ ըղձերըն նոցին,
Բայց չէ տեղիս այս, չէ տեղիս այս եւ հաղ
Խռովել զոգի մըտածութեամբք այս-
գունակ,
Մինչդեռ կնքէ փառք դիւցազանցն
ըզդագաղ
Կամ ըղձակատ լուսապսակ։
Ահա սուսերք եւ դրօշք եւ դաշտ մար-
տաւար,
Ու ակընկառոյց շուրջ ըզմեօք պիշ
Ելլադա.
Սպարտացի յիւրըն կըրեալ ի յաս-
պար՝
Չէր ազատիկ քան զսոսա։
Զարթի՛ր. — չասեմ քեզ, Յունաստան,
զարթեար դու. —
Զարթի՛ր հոգիդ իմ. ո՛ն, հայեաց տես,
ընդ ո՞ր
Արիւն սըրտիս ի լիճն իւր մայր հե-
ղուցու.
Եւ ապա հա՛ր, հար ի խոր։
Ըզքէն մըրրկեալ կըրից առնեմ ոտըն-
հար.

Unworthy manhood! — unto thee
Indifferent should the smile or frown

  Of beauty be.
If thou regret'st thy youth, *why live?*

  The land of honourable death

Is here: — up to the field, and give

  Away thy breath!

Seek out — less often sought than
  found —
 A soldier's grave, for thee the best;

Then look around, and choose thy
  ground,
  And take thy rest.

Արիութի՜ւն անխառնակ առ որով
Վարկպարազիք են եւ խոտանք հա-
ւասար՝
Եւ գեղ ժըմտեալ եւ դըսրով։
Թէ 'նդ մանկութիւն քո զընդայցես
ըզմէ՛ կեաս.
Ահաւադիկ քեզ այս երկին մահու
վսեմ.
Օ՛ն անդր, արի, նահատակեաց ի
դաշտս յայս
Ու արձակես զշունչդ յազատ
ճեմ։
Խնդրես դու քեզ, — քան ըզխնդիր
դիւրագիւտ, —
Ըզգերեզման մարտկի. այդ մեզ քաջ
յարմար.
Ապա շուրջ աչս ածեալ՝ ընտրեա ըզ-
դուր մահուդ,
Եւ էջ հանգի՛ր անդ յամայր։

—

INDEX

From the letters of Lord Byron . . 4
— To Mr. Moore 10
— To Mr. Murray 14
Pieces of the armenian history translated By Lord Byron, to exercise himself in the armenian language 21
Piece of a sinodical discourse by St. Nierses of Lampron translated by Lord Byron . . . 33
The epistle of the Corinthians to St. Paul the apostle. (Found in the Armenian Bible as an Apocryphal writing) translated by Lord Byron 37

Epistle of St. Paul to the Corinthians (Found in the Armenian Bible as an Apocryphal writing) translated by Lord Byron 45
The destruction of Sennacherib . 64
Adress to the Ocean 70
On Waterloo 82
To Time 96
Stanzas composed during a thunder-storm 104
Church of St. Peter 114
On the death of a young lady cousin to the Author, and very dear to him 126
To the Duke of Dorset 132
The tear 152
On this day J complete my thirty-sixth year 162

ՑՈՒՑԱԿ

—

Ի Թղթոց Լորտ Պայրընի 5

— Առ Պ. Մուր 11

— Առ Պ. Մըրի 15

Հատուածք պատմութեան Հայոց Թարգմանեալք 'ի Լորտ Պայրընէ, 'ի հրահանգս անձինն 'ի հայ բարբառ 20

Հատուած ատենաբանութեան Ս. Ներսեսի Լամբրոնացւոյ Թարգմանեալ 'ի Լորտ Պայրընէ . . 32

Թուղթ Կորնթացւոցն առ սուրբ առաքեալն Պաւղոս. (Գտեալ յԱստուածաշունչն Հայոց 'ի կարգի Անյայտից). Թարգմանեալ 'ի Լորտ Պայրընէ 36

Թուղթ Պաւղոսի առ Կորնթացիս. (Գտեալ յԱստուածաշունչն Հայոց 'ի կարգի Անյայտից). Թարգմանեալ 'ի Լորտ Պայրընէ . . 44
Կոտորած բանակին Սենեքերիմայ. 65
Ուղերձ առ Օվկիանոս . . . 71
Ի Վաղերլու 83
Առ Ժամանակ 97
Տաղ երգեալ 'ի շանթաբից մրրկի․ 105

Տամար Ս․ Պետրոսի . . . 115
Ի մահ օրիորդի միոյ քեռորդի քեր
դողին և սիրելի յոյժ նմա . . 127
Առ Դուքսն Տորսէդ . . . 133
Արտասուք 153
Յետին տողք Պայրընի . . . 163

www.ingramcontent.com/pod-product-compliance
Lightning Source LLC
Chambersburg PA
CBHW020303170426
43202CB00008B/478
9783337288952